4~8歲 親子遊戲互動英文

Barshai／著

全音檔下載導向頁面

http://www.booknews.com.tw/mp3/9789864543755.htm

掃描QR碼進入網頁後，按「全書音檔下載請按此」連結，可一次性下載音檔壓縮檔，或點選檔名線上播放。全MP3一次下載為zip壓縮檔，部分智慧型手機需安裝解壓縮程式方可開啟，iOS系統請升級至iOS 13以上。此為大型檔案，建議使用WIFI連線下載，以免占用流量，並請確認連線狀況，以利下載順暢。

目　錄

Chapter 0　認識字母與發音

Chapter 1　描述事物

Stage 1　用短短句子記住單字！　　026
　　Unit 1　a / an　　026
　　Unit 2　This is　　028
　　Unit 3　It is big / small / round.　　030
　　Unit 4　I have、red / yellow　　034

Stage 2　看圖造句試試看　　038
Stage 3　聽聽看、唸唸看、畫畫看　　039

Chapter 2　數字歌謠動起來

Stage 1　用短短句子記住單字！　　044
　　Unit 1　How many books are there?　　044
　　Unit 2　put...on the...　　046
　　Unit 3　Go to... / Come to...　　050
　　Unit 4　Show me...　　052
　　Unit 5　Please give me...　　054
　　Unit 6　Where are you?　　060

Stage 2　聽句子找找看　　062
Stage 3　聽聽看、唸唸看、畫畫看　　064

Chapter 3　描述自己

Stage 1　用短短句子記住單字！　　068
　　　　　Unit 1　I am　068
　　　　　Unit 2　this is / these are　070
　　　　　Unit 3　My legs are long.　072
　　　　　Unit 4　Point to your eye. Touch your nose.　074
　　　　　Unit 5　5 senses　078
Stage 2　看圖造句試試看　080
Stage 3　聽聽看、唸唸看、畫畫看　082

Chapter 4　興趣與能力

Stage 1　用短短句子記住單字！　　086
　　　　　Unit 1　I like... / I don't like...　086
　　　　　Unit 2　Do you like cookies?
　　　　　　　　　Yes, I do. / No, I don't.　090
　　　　　Unit 3　I can sing.　093
　　　　　Unit 4　Can you fly? Yes, I can. / No, I can't.　095
Stage 2　造個句子試試看　099
Stage 3　聽聽看、唸唸看、寫寫看　101

Chapter 5　介紹家人

Stage 1　用短短句子記住單字！　　106
　　　　　Unit 1　Who is this?　106
　　　　　Unit 2　He is / She is　108
　　　　　Unit 3　My Grandfather　110
　　　　　Unit 4　My Grandmother　112
　　　　　Unit 5　What does your father like to do?　114

| Stage 2 | 造個句子試試看 | 116 |
| Stage 3 | 聽聽看、唸唸看、寫寫看 | 118 |

Chapter 6　學習真好玩

| Stage 1 | 用短短句子記住單字！ | 124 |

　　　　　Unit 1　What is this? / What are these?　124
　　　　　Unit 2　One plus nine is ten.　126
　　　　　Unit 3　What time is it?　130
　　　　　Unit 4　Please　132

| Stage 2 | 造個句子試試看 | 136 |
| Stage3 | 聽聽看、唸唸看、選選看 | 138 |

Chapter 7　神奇的顏色變化

| Stage 1 | 用短短句子記住單字！ | 142 |

　　　　　Unit 1　Let's mix colors!　142
　　　　　Unit 2　What color is the bus?　146
　　　　　Unit 3　What can you see?　148
　　　　　Unit 4　What is that? What are those?　150

| Stage 2 | 唸熟句子來造句 | 152 |
| Stage 3 | 聽聽看、唸唸看、填填看 | 154 |

Chapter 8　快樂的每一天

| Stage 1 | 用短短句子記住單字！ | 160 |

　　　　　Unit 1　In the morning　160
　　　　　Unit 2　At school　162
　　　　　Unit 3　After school　164
　　　　　Unit 4　Before dinner　166
　　　　　Unit 5　At night　168

| Stage 2 | 唸熟句子來造句 | 170 |
| Stage 3 | 聽聽看、唸唸看、填填看 | 172 |

Chapter 9　正在做的事

| Stage 1 | 用短短句子記住單字！ | 178 |

　　Unit 1　We are playing now.　178
　　Unit 2　Here and there　180
　　Unit 3　At home　182
　　Unit 4　People in the park　184
　　Unit 5　Why?　186

| Stage 2 | 造個句子試試看 | 190 |
| Stage 3 | 聽聽看、唸唸看、圈圈看 | 192 |

Chapter 10　未來時光

| Stage 1 | 用短短句子記住單字！ | 196 |

　　Unit 1　We will eat out.　196
　　Unit 2　Today　198
　　Unit 3　When?　200
　　Unit 4　Tomorrow　202
　　Unit 5　Next Sunday　204

| Stage 2 | 造個句子試試看 | 206 |
| Stage 3 | 聽聽看、唸唸看、選選看 | 208 |

附錄

補充單字分類表　　214
補充分類例句集　　223

使用說明

專為學齡前到低年級兒童精心編撰設計
「讓英文學習，變得簡單」

特別收錄教具製作方式、互動引導步驟指引及提升學習動力的祕訣。

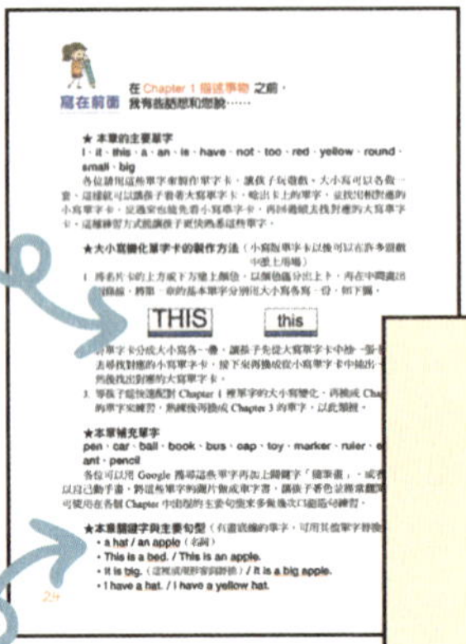

從認識字母開始，循序漸進學會如對人事物的描述、數字、顏色等各個不同主題的必備英文詞彙與句型。

在正式開始進入章節前，就先掌握各章學習重點及句型。

有趣又好玩的互動遊戲，讓孩子們能自然而然像海綿般的吸收及認識 Sight Words、常用句型及單字。

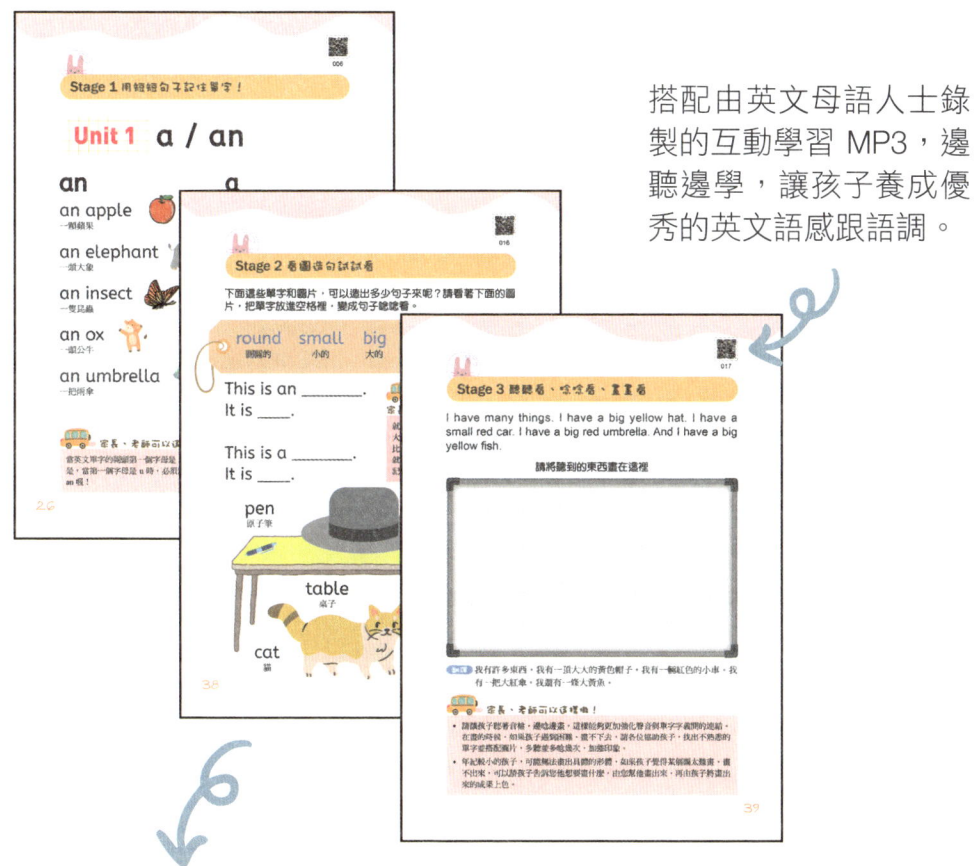

搭配由英文母語人士錄製的互動學習 MP3，邊聽邊學，讓孩子養成優秀的英文語感跟語調。

漸進式三階段學習法

Stage 1 認識視覺詞、基本單字及句型
認識最基礎的視覺詞、補充的基本單字和常用句型，透過圖片、各種互動遊戲和練習，讓孩子開始學會認字並大概理解句意。

Stage 2 實際運用主要單字及句型，理解句意及造句
進階學習如何利用前面學到的字詞和句型來造出屬於自己的句子，並使用這些句子來描述圖片或情境，學會如何實際運用。

Stage 3 理解短篇文章或對話
統整各章學習內容，寫成一篇短文或對話，讓孩子透過畫畫、填空或圈選等方式，確認是否真正理解內容並再次加深印象。

寫在前面　在 認識字母與發音 之前，我有些話想和您說……

剛開始接觸英文字母時，就要讓孩子了解字母的位置。各位在製作字母卡時，請一定要用線標示出字母的位置。

★ 字母卡製作方法
1. 到文具店買空白名片卡，將卡片從中間剪開分成兩張，共需 52 張
2. 將每張卡片的底部用顏色標示，如下圖，讓孩子能分辨出上下
3. 在卡上畫兩條線，再將英文字母依照他們的位置寫上，如下所示

因為英文字母是抽象符號，孩子無法在短時間內熟悉，因此除了玩遊戲外，可以準備一個白板，一樣在中間用不同顏色畫兩條線，讓孩子能一邊看著字卡、一邊用手指在白板上描寫，並開口唸出字母。此外，也可以手拿大寫字母，並讓孩子拿著小寫字母找出與看到的大寫字母相對應的小寫字母，並大聲唸出來。這個練習很重要，孩子越熟悉小寫字母，以後辨識單字的速度就越快。

英文 26 個字母口訣所對應的單字，會經常出現在後面的章節之中，請讓孩子邊指著字母與單字圖片，邊跟著音檔唸，唸得越熟越好。

★ 字母口訣單字
apple, bed, cat, dog, elephant, fish, gift, hat, insect, jar, key, light, mouse, nurse, ox, pen, question, red, slide, table, umbrella, vest, window, box, yellow, zoo

★ 一定要讓孩子清楚區分英文中的有聲及無聲子音。
1. 告訴孩子：「英文有兩種聲音，一種跟說話一樣，要發出聲音來，讓別人能夠聽到；另一種是從嘴巴噴出空氣來，就像說悄悄話一樣」。
2. 在教孩子字母口訣時，遇到 c / f / h / k / p / s / t / x 這幾個子音時，告訴孩子：「唸的時候，要像說悄悄話一樣，只發出空氣的聲音」。這樣一來，後面教複數加 s 的發音時會比較簡單。

Chapter 0

認識字母
與
發音

```
A B C D E F
G H I J K L M
O P Q R S T
U V W X Y Z
```

一起跟著唸唸看

001

Aa

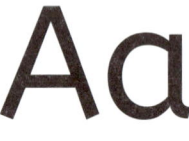

apple
蘋果

Bb

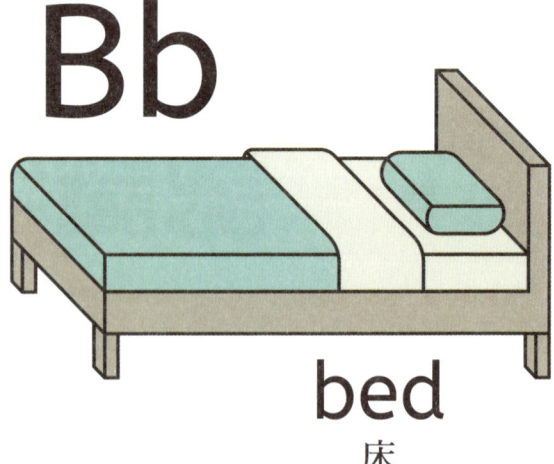

bed
床

Cc

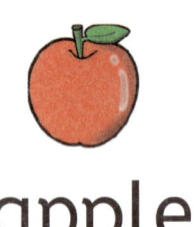

cat
貓咪

Dd

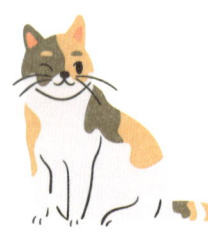

dog
狗

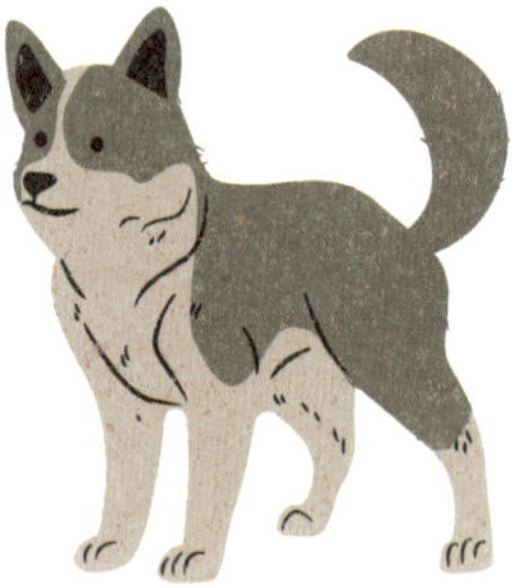

Ee

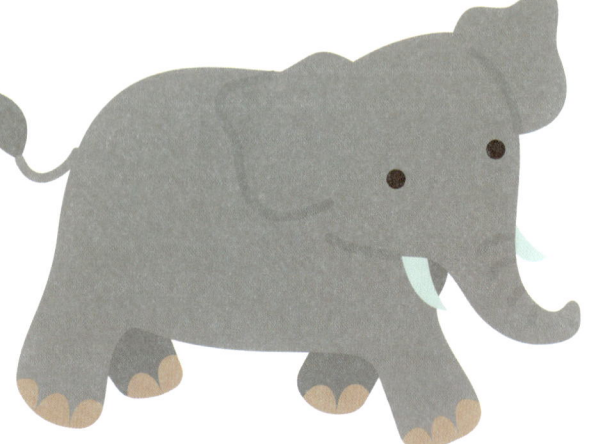

elephant
大象

Ff
fish
魚

Gg
gift
禮物

Hh
hat
帽子

Ii

insect
昆蟲

Jj
jar
罐子

Kk
key
鑰匙

大小寫對對碰

請幫小寫寶寶找到大寫媽媽。

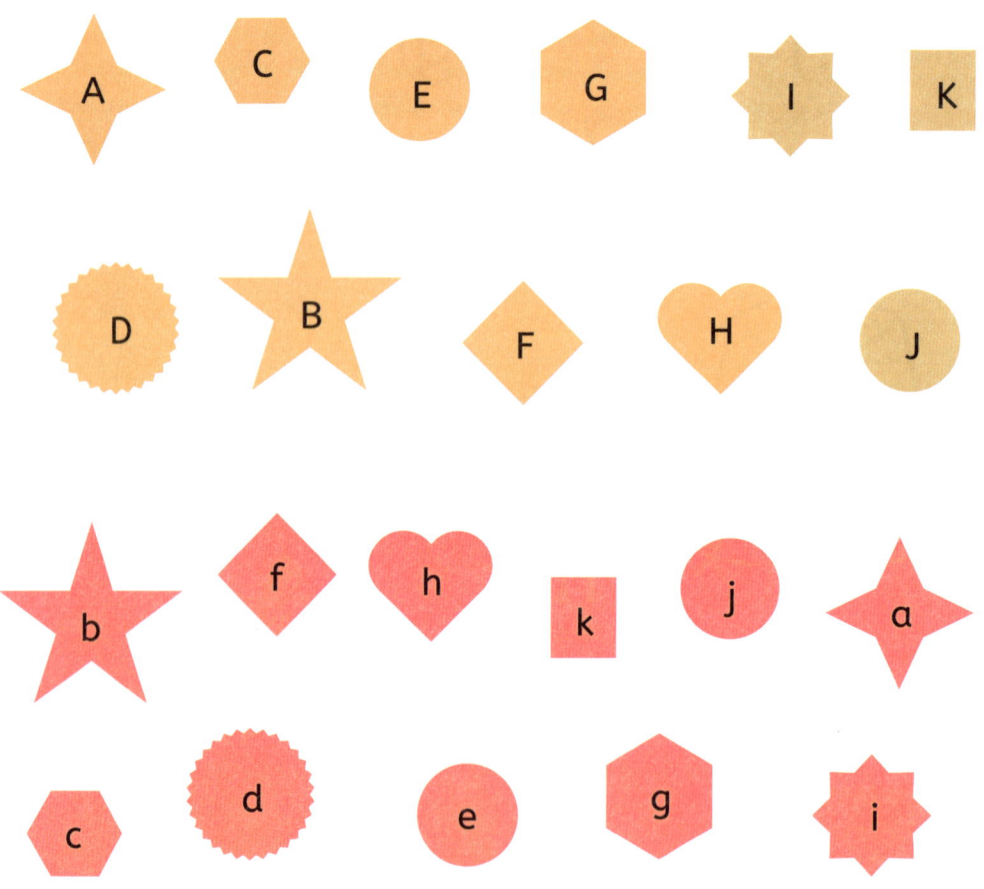

家長、老師可以這樣做!

- 在孩子唸 c / f / h / k / p / s / t / x 的發音口訣時,可以告訴孩子「這些聲音只有噴出空氣來,就像在說悄悄話一樣」。
- 英文單字的字尾如果是子音,不管是有聲(bed 的 /d/)還是無聲(cat 的 /t/),都要唸得小聲和短促一點,這一點很重要。請在孩子剛開始學 26 個英文字母的口訣及搭配單字時,就注意要提醒孩子這件事,以養成良好的發音習慣。

連連看

聽聽看,這些字的第一個音是什麼?請把圖片和字母連在一起。

002

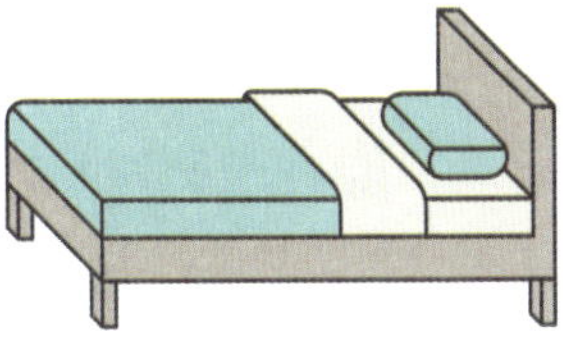

a
b
c
d
e
f
g
h
i
j
k

Mm
mouse
老鼠

Nn
nurse
護士

Oo
ox
公牛

Ll
light
燈

Pp
pen
原子筆

Ss
slide
溜滑梯

Rr
red
紅色

Tt table
桌子

Qq

question
問題

Uu

umbrella
雨傘

Ww
window
窗戶

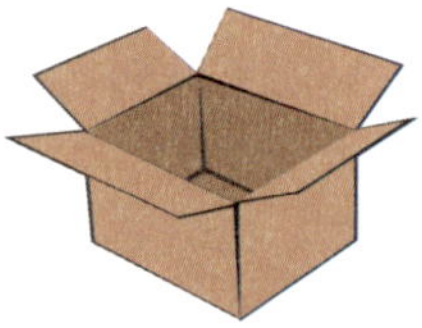

Xx
box
盒子

Yy
yellow
黃色

Zz
zoo
動物園

Vv
vest
背心

大小寫對對碰

請幫小寫寶寶找到大寫媽媽。

字母配對 GO! GO! GO!

004

告訴孩子用左手指著大寫、右手指著小寫，跟著字母順序大聲唸出 A~Z，或是直接唱 ABC 字母歌，多練習幾次便可熟悉大小寫字母的配對方式。

A B C D E F G
H I J K L M N
O P Q R S T
U V W X Y Z

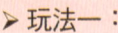 家長、老師可以這樣做！

利用小寫字母表來玩擲骰子前進的遊戲

➢ 玩法一：

擲骰子後，讓孩子按照步數前進，走到任一個小寫字母，就請他唸出該字母的發音，並將一元硬幣放到左頁對應的大寫字母上。

➢ 玩法二：

先讓孩子選出幾個曾在前面 A~Z 的字母表裡出現的單字，在擲骰子後按照步數前進，將走到的小寫字母寫在紙上，反覆進行直到他收集到能拼出一個單字的字母，這樣就可以得到一分。在拼出一個完整的單字時，請各位引導孩子把單字大聲唸出來。

a → b → c → d → e → f
↑ ↓
l ← k ← j ← i ← h ← g
↓ ↑
m → n → o → p → q → r
↑ ↓
x ← w ← v ← u ← t ← s
↓ ↑
y → z → s → p → n → r
↑ ↓
m ← b ← s ← e ← t ← d
↓ ↑
g → d → c → l → o → t

各式各樣的字母遊戲

孩子對字母越熟悉，尤其是小寫字母，對於日後辨識英文單字的幫助就越大，請各位一定要多帶著孩子用互動遊戲來跟字母做好朋友。

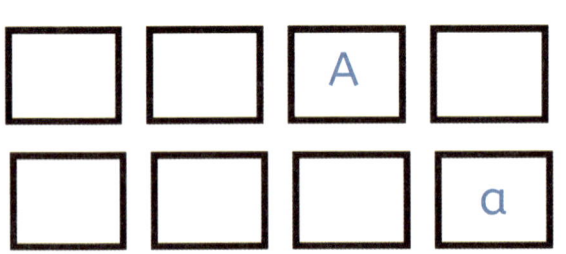

在名片卡上面分別寫上大小寫的英文字母，和孩子玩大小寫的字母翻開配對遊戲。

讓孩子用手指在各種平面上練習書寫大小寫的英文字母，無論是牆上、窗戶上、沙子上，還是手機與平板都可以。

利用紙黏土或麵團做出各種字母，如果用的是麵團，還可以直接做成餅乾，讓孩子決定要吃哪個字母，再讓他自己把字母找出來吃。

在便利貼上寫下英文的大小寫字母，貼在牆上或地上，讓孩子能用手腳分別觸摸同一組大小寫的字母，例如左手大寫 A、右腳小寫 a，就像扭扭樂的玩法，孩子能藉由這個遊戲盡情伸展肢體。除此之外，也可以利用跳房子遊戲，讓孩子一邊跳格子、一邊唸出字母。

連連看

請聽音檔，試著找出單字字尾發的是哪一個字母的聲音，請把圖片和字尾發音的字母連起來。

005

3

1. 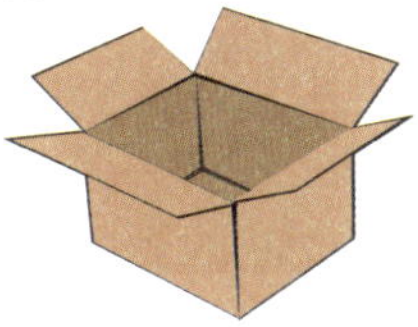

8. 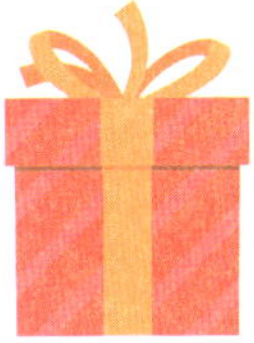

7. 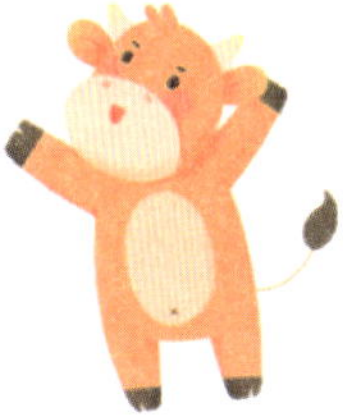

2. 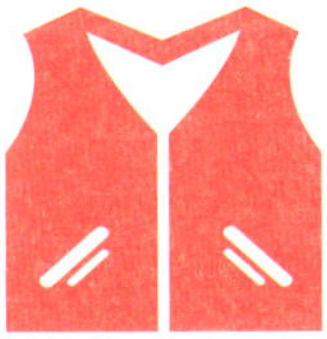

k p t x

6. 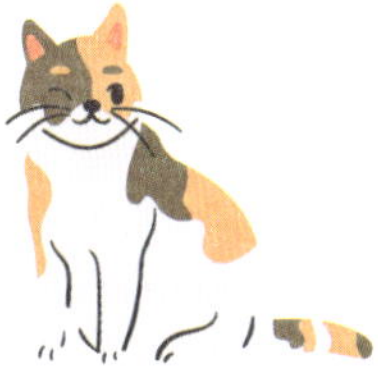

3. 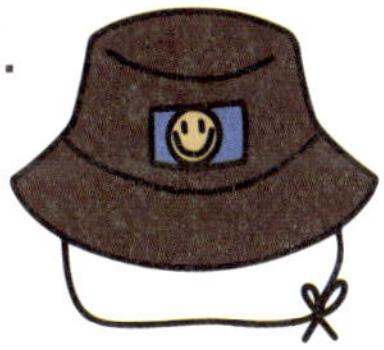

4. 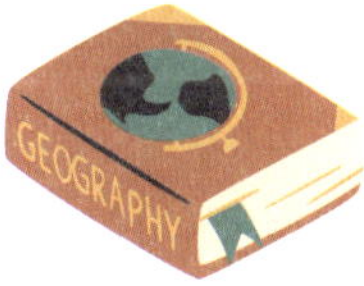

5. 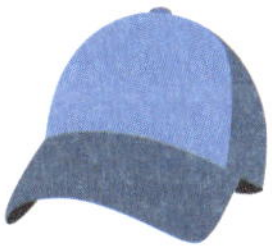

4

6.

5.

1.

t d p

2.

3.

4.

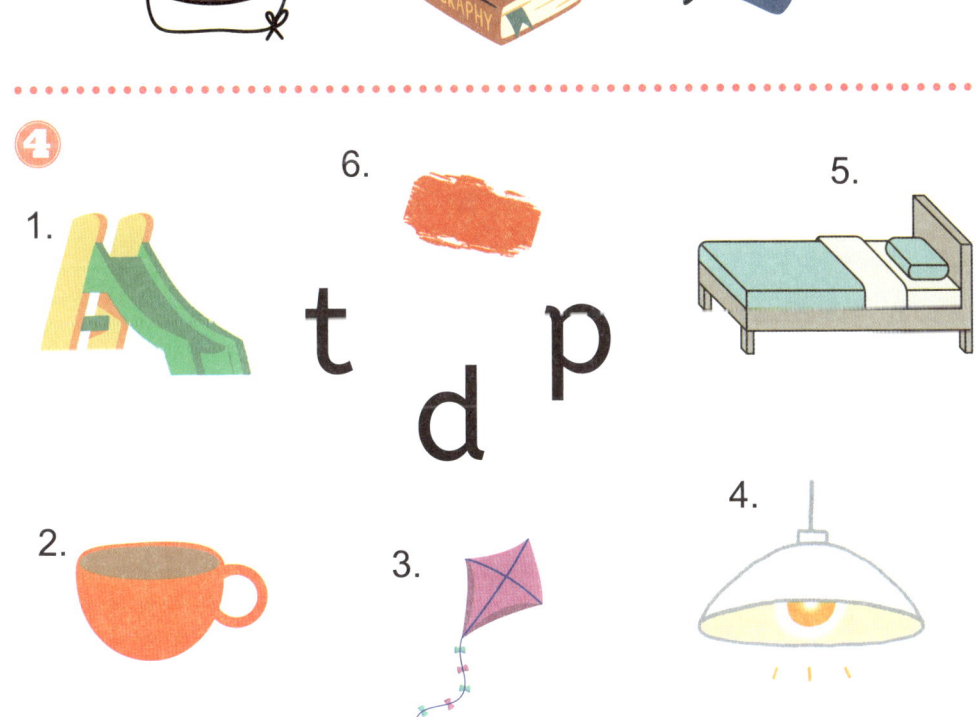

寫在前面

在 Chapter 1 描述事物 之前,
我有些話想和您說……

★ 本章的主要單字
I、it、this、a、an、is、have、not、too、red、yellow、round、small、big

各位請用這些單字來製作單字卡,讓孩子玩遊戲。大小寫可以各做一套,這樣就可以讓孩子看著大寫單字卡,唸出卡上的單字,並找出相對應的小寫單字卡,反過來也能先看小寫單字卡,再回過頭去找對應的大寫單字卡。這種練習方式能讓孩子更快熟悉這些單字。

★ 大小寫變化單字卡的製作方法(小寫版單字卡以後可以在許多遊戲中派上用場)

1. 將名片卡的上方或下方塗上顏色,以顏色區分出上下,再在中間畫出兩條線,將第一章的基本單字分別用大小寫各寫一份,如下圖。

2. 將單字卡分成大小寫各一疊,讓孩子先從大寫單字卡中抽一張卡,再去尋找對應的小寫單字卡,接下來再換成從小寫單字卡中抽出一張,然後找出對應的大寫單字卡。
3. 等孩子能快速配對 Chapter 1 裡單字的大小寫變化,再換成 Chapter 2 的單字來練習,熟練後再換成 Chapter 3 的單字,以此類推。

★ 本章補充單字
pen、car、ball、book、bus、cap、toy、marker、ruler、egg、ant、pencil

各位可以用 Google 搜尋這些單字再加上關鍵字「簡筆畫」,或者也可以自己動手畫,將這些單字的圖片做成單字書,讓孩子著色並經常翻閱,並可使用在各個 Chapter 中出現的主要句型來多做幾次口語造句練習。

★ 本章關鍵字與主要句型(有畫底線的單字,可用其他單字替換)
- a <u>hat</u> / an <u>apple</u>(名詞)
- This is a <u>bed</u>. / This is an <u>apple</u>.
- It is <u>big</u>.(這裡須用形容詞替換)/ It is <u>a big apple</u>.
- I have <u>a hat</u>. / I have <u>a yellow hat</u>.

Chapter 1

描述事物

Stage 1 用短短句子記住單字！

Unit 1 　a / an 一（個）

an

an apple
一顆蘋果

an elephant
一頭大象

an insect
一隻昆蟲

an ox
一頭公牛

an umbrella
一把雨傘

a

a bed
一張床

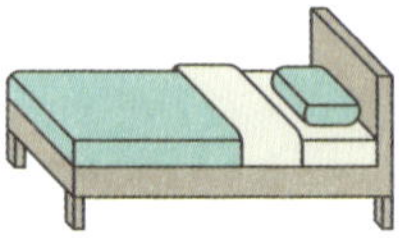

a key
一把鑰匙

a cat
一隻貓

a slide
一座溜滑梯

a vest
一件背心

　家長、老師可以這樣做！

當英文單字的開頭第一個字母是 a / e / i / o / u 時，要用 an 來表示「一個」。但是，當第一個字母是 u 時，必須是發像國語注音的「ㄚ」或「ㄜ」的音才可以用 an 喔！

寫寫樂

一邊聽音檔、一邊看英文單字,判斷前面要加 a 還是 an。

007

a / an

___ bus　　　___ hat

___ pen　　　___ kite

___ ant　　　___ egg

___ ruler　　___ octopus

___ ball　　　___ marker

___ car　　　___ table

家長、老師可以這樣做!

- 為了建立孩子的信心,各位可以先帶著孩子用手指著上面的 a 或 an,再搭配下方的單字一起唸,讓孩子多多熟悉 a 跟 an 的發音及用法,熟練後再開始判斷 a / an 的練習。
- 如果孩子年紀太小,還沒開始學寫字,需要寫字的單元可以等以後複習時再用。現在只要讓孩子學習用手指出正確答案,一邊指一邊唸出整組「a / an + 單字」。

Unit 2　This is 這是

This is a bus.
這是一輛公車。

This is a car.
這是一輛車。

This is an insect.
這是一隻昆蟲。

This is an egg.
這是一顆蛋。

This is an ax.
這是一把斧頭。

This is a slide.
這是一座溜滑梯。

 家長、老師可以這樣做！

請特別注意 is 的 s 的發音是 /z/。

配對開口大聲說

一邊聽音檔,一邊將前面的句型跟後面的單字配對成一個句子,開口大聲唸出來。

009

This is a
這是一個

This is an
這是一個

table.

hat.

apple.

pen.

marker.

ant.

ruler.

ball.

umbrella.

pencil.

Unit 3　It is 它是

010

This is a fish.
這是一隻魚。

It is small.
牠很小。

This is a ball.
這是一顆球。

It is round.
它是圓的。

This is an elephant.
這是一頭大象。

It is big.
牠很大。

big 大的 /
small 小的 /
round. 圓的。

This is a round table.
這是一張圓桌。

This is a small ball.
這是一顆小球。

This is a big ant.
這是一隻大螞蟻。

This is a big fish.
這是一隻大魚。

造個句子唸唸看

請看看下面的圖片和單字，你可以用左邊的句型造出什麼樣的句子呢？請把造好的句子大聲唸出來。

round 圓圓的　　**small** 小的　　**big** 大的

This is a _____.
It is ____.

ball 球

This is a _____.
It is ____.

pen 原子筆

car 汽車

This is a _____.
It is ____.

ox 公牛

This is an ____.
It is ____.

動手畫畫看

一邊聽音檔,一邊看底下的句子,試著自己動手畫畫看。
012

1.

It is a big apple.
它是一顆大蘋果。

4.

It is a round window.
它是一扇圓圓的窗戶。

2.

It is a round bed.
它是一張圓圓的床。

5.

It is a small fish.
牠是一條小魚。

3.

It is a small car.
它是一輛小車。

6.

It is a big ant.
牠是一隻大螞蟻。

 家長、老師可以這樣做!

- 前面學到 an apple / an ant,但是這裡的 apple 跟 ant 的前面出現了形容詞 big,big 的第一個字母是 b,不是 a / e / i / o / u 開頭,所以前面要加的是 a。
- 年紀比較小的孩子可能無法畫出所有的圖片,這時可以請孩子告訴您他想要畫什麼,再由您協助他畫出來。
- 除了上面用到的單字以外,各位還可以利用前面出現過的各種單字,多加練習這幾個句型。

Unit 4　I have 我有

013

I have a hat.
我有一頂帽子。

It is yellow.
它是黃色的。

I have a key.
我有一把鑰匙。

It is yellow.
它是黃色的。

I have a vest.
我有一件背心。

It is not yellow.
它不是黃色的。

It is red.
它是紅色的。

 家長、老師可以這樣做！

not 是一個否定副詞，可以讓孩子多練習將 not 放在 is、am、are 的後面，讓句子變成相反的語意，例如：This is a dog. → This is not a dog.

red 紅色 / yellow 黃色

014

I have many red things.
我有很多紅色的東西。

I have a red book.
我有一本紅色的書。

I have a red toy car.
我有一輛紅色的玩具車。

I have a red cap.
我有一頂紅色的鴨舌帽。

I have many yellow things, too.
我也有很多黃色的東西。

My umbrella is yellow.
我的雨傘是黃色的。

My pencil is yellow.
我的鉛筆是黃色的。

My pet fish is yellow, too.
我的寵物魚也是黃色的。

著色趣

015

聽錄音、看著圖片跟英文字,找到錄音中指定的東西,塗上指定的顏色。

1. Color the book red.
   把書塗成紅色。

2. Color the car yellow.
   把汽車塗成黃色。

3. Color the insect yellow.
   把昆蟲塗成黃色。

4. Color the fish red.
   把魚塗成紅色。

5. Color the hat red.
   把帽子塗成紅色。

 家長、老師可以這樣做!

每次練習時都先選定四個東西,先和孩子複習一下這些東西的英文怎麼說,接著問孩子要畫哪一個,等孩子用英文選出一個後,各位再簡單地把東西畫出來。接著請用「Color the 東西 顏色.」這個句型,互相請對方把圖案塗上顏色。只要多用這個遊戲來練習,孩子就會在實際動手操作的過程之中,對單字更加熟悉。

有效複習單字的遊戲方法

可以用來複習基本單字 I、it、this、a、an、is、have、not、too、red、yellow、round、small、big 的遊戲進行方法。

單字心臟病

準備幾套收錄相同基本單字的單字卡牌,其中一套用來抽卡,每個玩家都先從自己的牌組中抽一張卡,放在自己面前的桌面上,卡上的單字就是「目標單字」。接著由其中一個玩家做莊,手上拿著另一套完整的卡片,逐一翻牌到桌面上,所有的人都必須唸出卡上的單字,如果翻到自己的目標單字,就立刻伸手拍在翻出的卡上,動作最快的人就可以留下自己的目標單字卡,包括莊家的其他人則要將卡放回自己的牌組之中。接著所有人再次從自己的牌組中抽出一張,遊戲繼續進行,手上卡片全部留在桌面上的人獲勝。

單字賓果

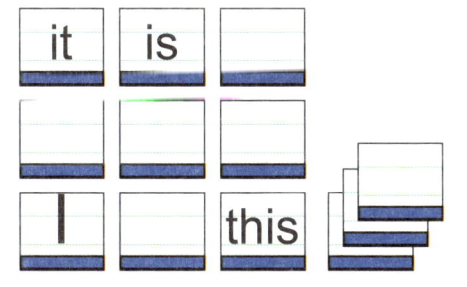

玩家每人一套單字卡牌,隨機選出其中的九張,在各自面前排成 3×3 的樣子,單字那面朝上,剩下的字卡放在旁邊。一套放中間,每人輪流抽取一張,唸出牌上的單字,如果抽出來的單字出現在各自的 3×3 卡牌陣中,就可以蓋牌,當覆蓋的卡牌連成一條線時,大喊 Bingo!

家長、老師可以這樣做!

等學到的單字越來越多後,各位可以選擇用各種不同的單字做成字卡,多跟孩子玩上面的遊戲,孩子就會更熟悉重要的基本 300 sight words(視覺詞)。

Stage 2 看圖造句試試看

下面這些單字和圖片，可以造出多少句子來呢？請看著下面的圖片，把單字放進空格裡，變成句子唸唸看。

round 圓圓的　　**small** 小的　　**big** 大的　　**yellow** 黃色的　　**red** 紅色的

This is an ＿＿＿＿.
It is ＿＿＿.

This is a ＿＿＿＿.
It is ＿＿＿.

家長、老師可以這樣做！

就算是名稱相同的東西，也會有大有小，就像這張圖片中的車就比一般路上跑的車要小，而帽子就比孩子戴頭上的更大，各位要記得提醒孩子這些差異喔！

pen 原子筆
hat 帽子
ant 螞蟻
car 汽車
table 桌子
cat 貓
ball 球

38

Stage 3 聽聽看、唸唸看、畫畫看

I have many things. I have a big yellow hat. I have a small red car. I have a big red umbrella. And I have a big yellow fish.

請將聽到的東西畫在這裡

翻譯 我有許多東西。我有一頂大大的黃色帽子。我有一輛紅色的小車。我有一把大紅傘。我還有一條大黃魚。

家長、老師可以這樣做！

- 請讓孩子聽著音檔，邊唸邊畫，這樣能夠更加強化聲音與單字字義間的連結。在畫的時候，如果孩子遇到困難、畫不下去，請各位協助孩子，找出不熟悉的單字並搭配圖片，多聽並多唸幾次，加強印象。
- 年紀較小的孩子，可能無法畫出具體的形體，如果孩子覺得某個圖太難畫、畫不出來，可以請孩子告訴您他想要畫什麼，由您幫他畫出來，再由孩子將畫出來的成果上色。

寫在前面

在 Chapter 2 數字歌謠動起來 之前,
我有些話想和您說……

★ 本章主要單字
you、me、them、the、how、where、many、one、two、three、four、five、six、seven、eight、nine、ten、don't、are、put、go、come、show、please、give、only、there、at、on、to

　　請各位將上面這些單字製作成單字卡牌,讓孩子玩 Chapter 1 中介紹的單字心臟病及賓果遊戲,此外,也可多做一套大寫版的字卡,讓孩子可以看著大寫找小寫(或看著小寫找大寫),這樣孩子就可以透過練習,更快熟悉這些單字的大小寫及唸法。

★ 本章主要句型(有畫底線的單字,可用其他單字替換)
- How many books are there? / There is a book. / There are two books.
- Put one cap on the table. / Put two pens on the box,
- Show me two. 可以延伸出 Show me the book, please.
- Please give me a book. / Please give me two balls.
- Where are you? I am at the door. / I am on the bed.

★ 本章補充單字
sofa、chair、cup、door、TV

　　請各位將這些補充單字納入孩子的單字書裡,配合前面提過的簡筆畫,讓孩子塗色並經常翻閱,再利用上面的句型多多練習口語造句。
　　此外,也可以在網路上找「客廳」的圖片,讓孩子指出他知道英文要怎麼說的部分,例如圖片中有「沙發」,就可以讓孩子指著沙發說「sofa」。

　　本章的重點是名詞複數的字尾要加 s 以及加上 s 後的發音方式。請各位多讓孩子練習唸出本書中收錄的句子,唸的時候要特別注意接尾詞 s 的發音,注意孩子有沒有唸出單數跟複數名詞間的發音區別。也請提醒孩子接尾詞的 /s/ 與 /z/ 不要唸得太明顯。

Chapter 2
數字歌謠動起來

數字歌謠

018

One apple
1 顆蘋果

Two apples
2 顆蘋果

Three apples
3 顆蘋果

Four!
4 顆！

One, two, three, four
1、2、3、4

Put them on the table.
把它們放到桌子上。

家長、老師可以這樣做！

- 請提醒孩子，如果某個東西超過了一個，單字後面就要加上 s。
- 讓孩子一邊聽音檔一邊跟著唸，然後數著蘋果並用淺色彩色筆將句子裡的 s 塗上顏色。
- apple 後面加上 s，這個 s 要唸成 /z/ 的音，但請注意，不管接尾詞 s 是唸 /s/ 還是 /z/，都不要將這個 s 的音發得太過明顯。

帶著蘋果跑跑跑

019

準備四顆蘋果和一個可以用來放蘋果的地方（例如擺在稍遠處的茶几或箱子），接著由家長或老師喊數字，讓孩子指著蘋果從 1 開始一個一個數，數到家長或老師喊的目標數字，接著再請孩子將這個數量的蘋果放到指定位置上。

Four.
4 顆。

Put them on the bed.
把它們放到床上。

One, two, three, four
1、2、3、4
Four apples!
四顆蘋果！

Three.
3 顆。

One, two, three
1、2、3
Three apples!
3 顆蘋果！

Put them on the box.
把它們放到箱子上。

Three.
Put them on the box.

43

Stage 1 用短短句子記住單字！

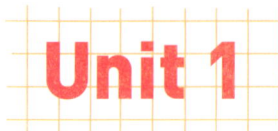

Unit 1　How many books are there?
那裡有多少本書？

How many caps are there?
有多少頂鴨舌帽？

There is one cap.
1 頂鴨舌帽。

How many elephants are there?
有多少隻大象？

There are two elephants.
2 隻大象。

How many books are there?
有多少本書？

There are three books. 有 3 本書。

How many cats are there?
有多少隻貓？

There are four cats. 有 4 隻貓。

家長、老師可以這樣做！

- there is 的後面是接一個東西，超過一個就要用 there are。因為這個 Unit 是想讓孩子能認得 one 這個單字，所以使用「There is one...」強調「只有一個」，但在日常對話中，通常會用「There is a / an...」來表示「有一個～」。

- 這一頁單字的最後一個音，都是發無聲的氣音，所以加上 s 的發音是 /s/。另一方面，請提醒孩子，如果字尾是 t，當在 t 之後加上 s，兩者的發音在結合後，會發出類似輕聲ち的氣音，發音一樣不能太明顯，要短促、小聲一點。

看圖配對連連看

一邊聽音檔、一邊看下方的單字及插圖,數數看各有多少個,請將左邊的 There is / There are 和右邊的一個或多個事物結合,變成一個完整的句子並開口大聲唸出來。

021

There is
有

two caps.
2 頂鴨舌帽。

one slide.
1 座溜滑梯。

three insects
3 隻昆蟲。

one sofa.
1 張沙發。

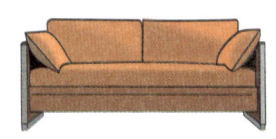

one fish.
1 條魚。

There are
有

four books.
4 本書。

one marker.
1 隻麥克筆。

two hats.
2 頂帽子。

two vests.
2 件背心。

45

Unit 2

put...on the...
把～放在～的上面

022

Put four apples on the table.
將 4 顆蘋果放在桌子上。

Put three pens on the box.
將 3 枝原子筆放在箱子上。

Put two toy beds on the sofa.
將 2 張玩具床放在沙發上。

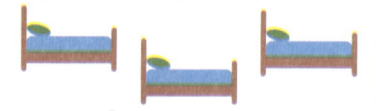

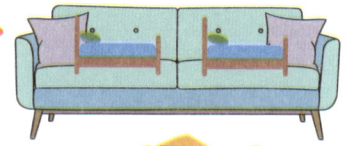

Put three eggs on the book.
將 3 顆蛋放在書上。

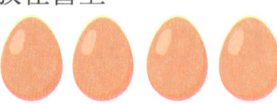

Put two umbrellas on the chair.
將 2 把傘放在椅子上。

家長、老師可以這樣做！

這一頁出現的單字在加上 s 後，這個 s 的發音都是 /z/，這是因為它們的最後一個音都是有聲。請提醒孩子，當字尾 d 加上 s 後，兩個發音就會結合起來，發出類似輕聲ㄗ的音。

看圖填填看

請一邊聽音檔、一邊看圖片，數數看有幾個，將數字填入空格之中。

023

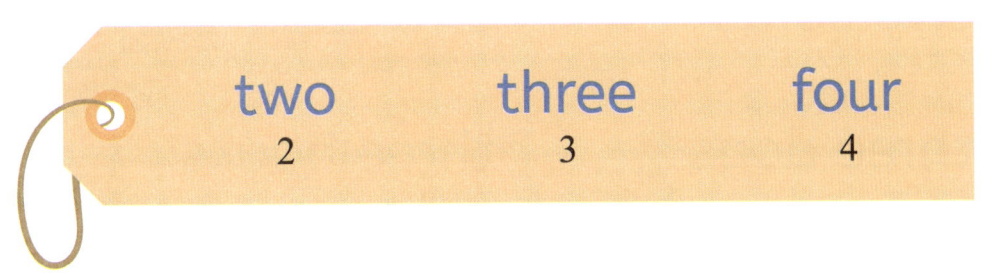

two	three	four
2	3	4

I have _____ dogs.
我有___隻狗。

I put them on the table.
我把牠們放在桌上。

I have _____ toy cars.
我有___輛玩具車。

I put them on my bed.
我把它們放在我的床上。

I have _____ red pens.
我有___枝紅色的原子筆。

I put them on my vest.
我把它們放在我的背心上。

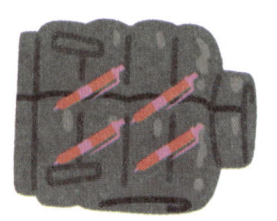

47

重要的「加 s」發音練習

請一邊聽音檔、一邊看著單字跟著唸，唸的時候將單字字尾的 s 圈起來，注意 s 的發音。

024

two sofas
2 張沙發

two caps
2 頂鴨舌帽

three dogs
3 隻狗

three books
3 本書

four pens
4 枝筆

four cups
4 個杯子

two beds
2 張床

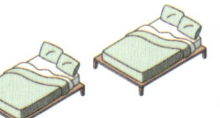

two cats
2 隻貓

three bibs
3 件圍兜兜

three vests
3 件背心

four balls
4 顆球

four hooks
4 個掛鉤

two markers
2 支麥克筆

two hats
2 頂帽子

家長、老師可以這樣做！

- 左邊單字的字尾都是有聲音的，s 會發 /z/，注意字尾遇到 ds 的組合時，要發結合音，類似輕聲ㄗ。右邊單字的字尾都是氣音（無聲子音），s 發 /s/，注意當字尾遇到 ts 的組合時，要發結合音，類似輕聲ㄘ的氣音來，這些加上 s 的發音，都要唸得短一點、小聲一點。
- 因為孩子年紀太小，先不要教要加上 es 或字尾要做變化的特殊單字，這樣才比較不會混淆。

數字歌謠

One, one
I can run.
1、1、我會跑步。

Two, two
Show me two.
2、2、比 2 給我看。

Three, three
Come to me.
3、3、來我這裡。

Four, four
Go to the door.
4、4、到門那裡。

Five, five
Give me five!
5、5、一隻手擊掌！

Unit 3

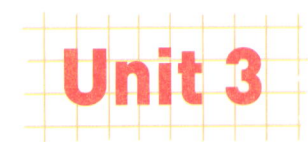

Go to… / Come to…
去～／來～

Go to the door.
去門那裡。

Go to the window.
去窗戶那裡。

Go to the sofa.
去沙發那裡。

Go to the TV.
去電視那裡。

Come to me.
來到我這裡。

Give me five! Yeah!
一隻手擊掌！耶！

動動身體

一起來玩「來去遊戲」吧！你過來我這裡、我過去你那裡，我們一起走去門那裡！

Go to the door.
到門那裡。

Go to the sofa.
到沙發那裡。

Go to the window.
到窗戶那裡。

Come to me.
來我這裡。

Give me five! Yeah!
一隻手擊掌！耶！

家長、老師可以這樣做！

- 一開始先跟孩子站在一起，接著對孩子說「Go to the...」，the 的後面接標的物，如 sofa、door 等等，等孩子到達標的物旁邊的時候，再對他說「Come to me.」，當孩子走到你身邊時，就跟他說「Give me five.」，然後互相伸出一隻手來擊掌。
- 等孩子熟悉遊戲規則後，就可以改由孩子下達指令，家長或老師做動作。

Unit 4　Show me...
給我看～

Show me two.
比 2 給我看。

Show me four.
比 4 給我看。

Show me one.
比 1 給我看。

Show me three.
比 3 給我看。

Show me five.
比 5 給我看。

家長、老師可以這樣做！

1. 跟孩子一起用單手比 1 後，再用兩隻手各比出 1，模仿毛毛蟲蠕動。
2. 單手比 2 後，用兩隻手各比 2，放在頭上，模仿兔子跳跳跳。
3. 單手比 3 後，用兩隻手各比 3，放在臉頰上，模仿貓咪喵喵叫。
4. 單手比 4 後，用兩隻手各比 4，並在一起，模仿螃蟹橫著走路。
5. 單手比 5 後，跟孩子互相擊掌，大喊「Give me five! Yeah!」。

連連看

請聽音檔並看著下面的句子，開口大聲唸出來。一邊唸、一邊將圖片跟對應的句子內容連起來。

029

I have three small toy chairs.
我有 3 張玩具小椅子。

I have five yellow caps.
我有 5 頂黃色的鴨舌帽。

I have five red cars.
我有 5 輛紅色的車。

I have four red books.
我有 4 本紅色的書。

I have two big dogs.
我有 2 隻大狗。

I have four yellow vests.
我有 4 件黃色的背心。

I have three round tables.
我有 3 張圓桌。

Unit 5

Please give me...
請給我～

"Please give me one umbrella." 
「請給我 1 把雨傘。」

"Sure." 「好。」

"Please give me one jar." 
「請給我 1 個罐子。」

"Sorry. I don't have one jar."
「抱歉，我沒有 1 個罐子。」

"Please give me four balls." 
「請給我 4 顆球。」

"Sorry. I only have two balls."
「不好意思。我只有 2 顆球。」

"Please give me two gifts."
「請給我 2 個禮物。」

"OK." 「好。」

"Please give me three caps."
「請給我 3 頂鴨舌帽。」

"No problem."「沒問題。」

家長、老師可以這樣做！

當使用「one＋名詞」時，我們想要強調的是數量「只有一個」或「只要一個」。如果用「a / an＋名詞」，則不帶有強調「只有一個」的意思（可能還有好幾個，只是沒有特別提）。在這裡，我們因為想要強調「只要」或「只有」一個，所以使用 one。

數一數、連連看

請數一數底下的東西各有幾個，一邊數一邊大聲唸出數字，數完之後，就把圖片和中間對應的數字連起來。接著聽音檔跟著唸唸看，並將字尾 s 發成 /z/ 的圖片圈起來。

031

two

three

four

five

家長、老師可以這樣做！

- 請利用上面的單字來做出五副單字卡牌，上面要有圖片跟單字，跟孩子玩「湊五個」的遊戲：
- ▶ 每人發十張牌，剩下的牌正面朝下放在中間，如果手上已經有五張相同的卡，就可以先說「I have five …s」，再將這五張牌放到一旁，接著從放在中間的牌中抽出五張。剩下的牌，玩家互相說「Please give me＋數量＋名詞（請一定要提醒孩子，東西超過一個，名詞的字尾就要加 s）」，看著自己手上所擁有的卡牌，使用左頁的句型，輪流請對方給自己能湊滿數量五個的東西。保持手上有十張牌，直到中間的牌被抽完為止，出牌最多的人獲勝。

玩桌遊 練習複數名詞

How many jars?
One jar.
Two jars.

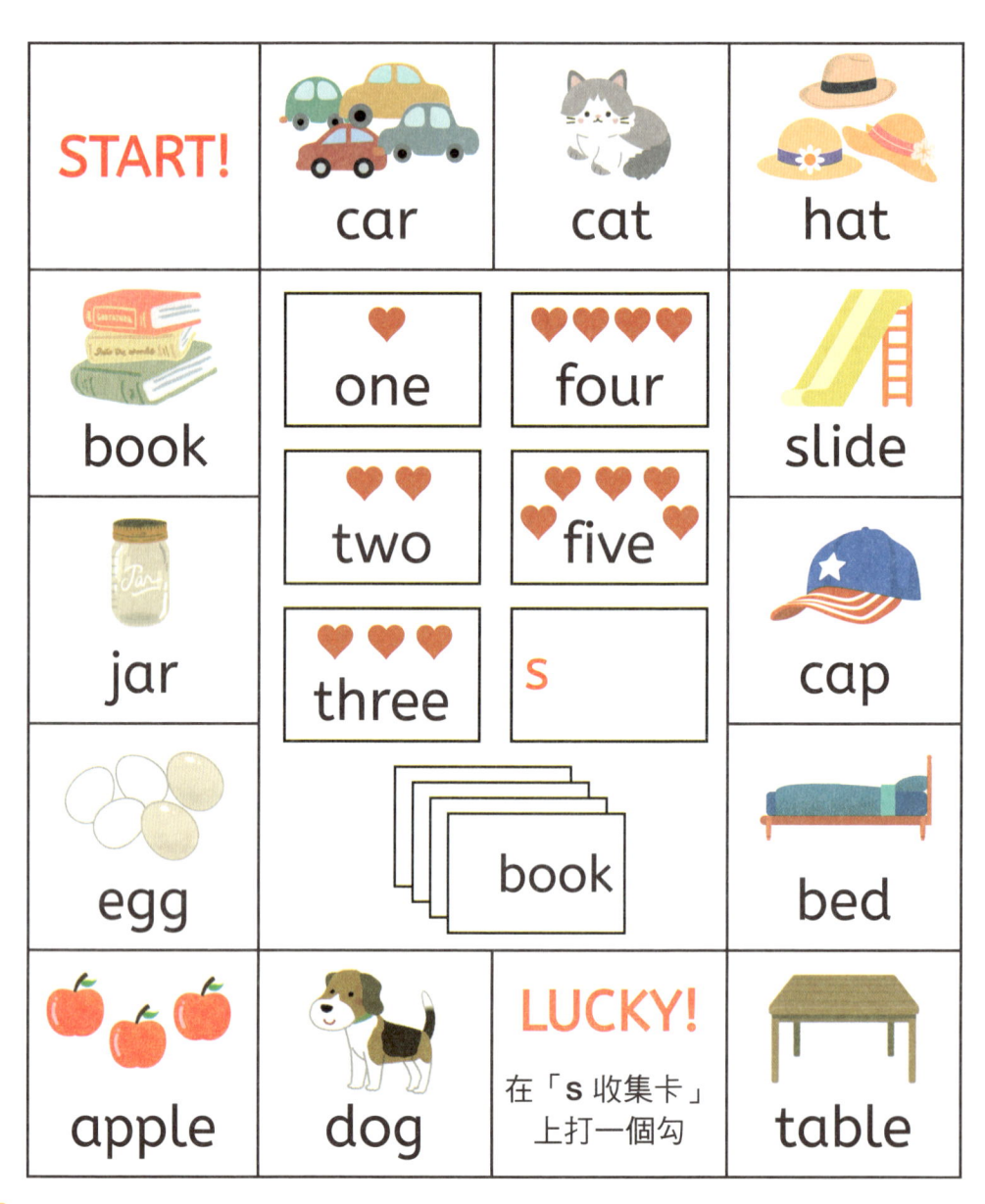

START!	car	cat	hat
book	one	four	slide
jar	two	five	cap
egg	three	s	
		book	bed
apple	dog	LUCKY! 在「s 收集卡」上打一個勾	table

56

遊戲介紹

★ 遊戲目標
* 讓孩子藉由遊戲練習複數名詞要在字尾加上 s
* 讓孩子熟悉接尾詞 s 的發音會發成 /s/ 或 /z/，還有 /ds/ 連音要唸成輕聲的ㄗ，/ts/ 則會唸成輕聲的ㄘ
* 讓孩子熟悉數字 1-5 及遊戲中出現的目標單字，在遊戲之前，先複習單字字尾加上 s 要怎麼唸
* 讓孩子練習使用 Unit 2 的句型：
  * How many cars are there?
  * There is one car.
  * There are four cars.

★ 準備材料
* 英文數字一到五的單字卡，如左頁
* 用出現在底紙上的 12 個英文單字做一套單字卡牌
* 接尾詞 s 卡一張
* 接尾詞 s 收集單一張，如右圖所示
* 骰子一顆
* 代表玩家的棋子，幾個玩家就幾個棋子

★ 遊戲規則
1. 將代表玩家的棋子放在 Start（開始）格中，玩家 A 將骰子擲出，照著骰子數字往前走相對應的格數。
2. 玩家 B 看著格子裡的單字，使用 How many ...s? 句型提問，例如當走到 hat，就問 How many hats?，走到 slide，就問 How many slides?。請記得要提醒孩子，不管格子裡的事物是一個還是超過一個，出現在 How many 句子裡的名詞都要加上 s。
3. 這時玩家 A 請看著格子中的英文單字，先從放在桌遊底紙中間的單字卡裡，找出對應的單字卡牌，再看著圖片，數數看總共有幾個，再從五張數字單字卡中找出正確的數字卡。如果發現在格子裡的東西超過一個，就要把搭配表示複數的接尾詞 s 卡也拿出來，將所有卡片依照順序放在一起，並唸出完整的正確答案，接著再將卡片放回原來的位置。只要遇到複數，就可以在手中的 s 收集卡上打一個勾。
4. 接著換玩家 B 擲骰子，玩家 A 問問題，遊戲進行方式與上述相同。
5. 第一個將 s 收集卡上的 s 全部打勾的玩家獲勝。

數字歌謠

One, two
Where are you?
1、2
你在哪裡？

Three, four
I am at the door.
3、4
我在門這裡。

Five, six
I am six.
5、6
我 6 歲。

Seven, eight
Who's at the gate?
7、8、
誰在大門那裡？

Nine, ten
Count to ten.
9、10、
數到 10。

One, two, three, four, five, six, seven, eight, nine, ten. Yeah!
1、2、3、4、5、6、7、8、9、10，耶！

數一數

在學習數數的時候，除了從 1 數到 10 之外，也要多多練習從 6 數到 10。

1　one
2　two
3　three
4　four
5　five

6　six
7　seven
8　eight
9　nine
10　ten

拍手數數

1. 單數自己拍手，雙數兩人互相拍手，數到 10。

one　　two　　three　　four

2. 逢 5 或 10，兩人互相拍手，其他數字自己拍手。

one　　two　　three　　four　　five

家長、老師可以這樣做！

- 在學習數數的時候，不要只做從 1 數到 10 的練習，也要多多練習從 6 數到 10。
- 讓孩子熟悉數字 1 到 10 的概念跟英文說法後，未來一看到學過的單字，就帶著孩子數數，數一數有多少鉛筆、窗戶、桌子、沙發、書等等。
- 各位也可以運用「How many ...s are there?」、「There is a / an ... .」、「There are two ...s.」等句型與孩子進行問答。

Unit 6

Where are you?
你在哪裡？

033

"Where are you?"
「你在哪裡？」

"I am at the window."
「我在窗戶這裡。」

"Where are you?"
「你在哪裡？」

"I am at the door."
「我在門這裡。」

"Where are you?"
「你在哪裡？」

"I am at the table."
「我在桌子這裡。」

"Where are you?"
「你在哪裡？」

"I am at the sofa."
「我在沙發這裡。」

家長、老師可以這樣做！

at 這個介系詞，有點像是「點出地標」的感覺。例如 at the window 表示的可能是窗戶前、旁邊或靠近窗戶的位置。這裡可以利用捉迷藏的遊戲，來練習「點出地標」的位置說法。

捉迷藏

1. 請利用左頁的句型來跟孩子玩捉迷藏。剛開始玩的時候，把眼睛遮住的人可以問「Where are you?」，藏起來的人則是用「I am at the ＿＿＿.」說出自己在哪裡，讓負責捉的人走到自己所在的位置。

2. 在熟悉遊戲怎麼玩（或者孩子的年齡大一點）之後，藏起來的人可以一邊說出自己在哪裡，一邊跑到別的地方去，讓捉的人撲空，捉的人繼續接著問，直到捉到對方為止。

Stage 2 聽句子找找看

請一邊聽音檔一邊看著下面的圖片,圈出在音檔裡提到的東西。

There are three windows.
有 3 扇窗戶。

There is a yellow sofa at the window.
窗邊有 1 張黃色的沙發。

There is a box.
有 1 個箱子。

There are three red balls.
有 3 顆紅色的球。

There are two books on the sofa.
有 2 本書在沙發上。

請看著下面的圖片，找出與我們學過的英文單字相對應的圖片，並請使用下方這種句型來互相進行問答。

例

Q: How many red books are there?
　　有多少本紅色的書？

A: There are four red books.
　　有 4 本紅色的書。

家長、老師可以這樣做！

- 請各位利用「How many ...s are there?」句型來引導孩子注意圖片中曾經學過的單字，並讓他們運用英文數數看有幾個，當東西只有一個時，用句型「There is a / an .... .」，當東西有兩個以上時，用句型「There are two ...s.」來說。

- 請協助孩子在名詞之前加上描述顏色、大小或形狀等的形容詞。

Stage 3 聽聽看、唸唸看、畫畫看

請一邊聽音檔、一邊看下面的句子,試著把聽到的東西都畫出來吧!

There is a round table at the window.
There are two red apples on the table.
There are four yellow pencils on the table, too.

請把句子裡提到的東西都畫在這裡

翻譯 窗邊有 1 張圓桌。桌子上有 2 個紅蘋果。桌子上還有 4 支黃色的鉛筆。

家長、老師可以這樣做!

- 讓孩子聽著音檔,一邊大聲唸、一邊畫出他聽到的東西,便能強化字義與唸法間的連結。若孩子在畫的時候卡住了,請協助他找出不熟悉的單字。
- 年紀較小的孩子,可能無法畫出具體的事物,如果孩子覺得某個圖太難畫,可以請孩子告訴你他想要畫什麼,由你幫忙畫出,再由孩子上色。

I put one red vest on the yellow sofa.
And I put two red pens on the table.
I also put two caps on the big box.

請把句子裡提到的東西畫在對應的位置上

翻譯 我把 1 件紅色背心放在黃色沙發上，然後我把 2 支紅筆放在桌子上。我還在大箱子上放了 2 頂鴨舌帽。

家長、老師可以這樣做！

- 讓孩子一邊聽音檔，一邊用手指頭指著字跟著多唸幾次，盡可能多加練習，直到孩子徹底熟悉這些句子。
- 試著讓孩子自己看著句子唸唸看，遇到不認識的單字就做記號，請各位協助孩子從前面學過的內容中找出該單字。
- 請孩子將兩個以上的數字圈起來，並將數字後面出現的複數名詞字尾的 s 圈起來。
- 在日常對話、不強調「只有一個」的情況下，通常不會用 one，而是用 a / an。這跟用中文數數時，會用「一、二、三」，但卻會說「兩個蘋果」的情況很類似。

65

寫在前面 在 Chapter 3 描述自己 之前，我有些話想和您說……

請各位將本章收錄的主要及補充單字，製作成方便練習的單字卡。

★ 本章主要單字
my、your、these、what、but、and、am、point、touch、see、hear、smell、taste、feel、look、long、short、in、with

★ 本章補充單字
eye、ear、nose、mouth 、hair、head、arm、leg、hand、shoulder、finger、foot、feet、toe、doll、boy、brother、sister

本章收錄的補充單字，多半都是身體各部位的名詞，各位可以上 Youtube 等影音網站，利用關鍵字「head, shoulders, knees and toes」來搜尋，就可以找到介紹身體各部位的兒歌，讓孩子能邊唱邊摸著自己的身體各部位。熟悉歌曲後，各位可以跟孩子一起邊唱邊摸各自的身體對應部位，唱歌的速度可以忽快忽慢，以讓孩子有新鮮感；也可以邊唱邊和孩子互相碰觸對方相應的身體部位。

如果孩子在看的書上有人或動物的圖片，可以跟孩子玩將這些人或動物的身體各部位圈起來的遊戲，例如，各位說 eyes，孩子就將圖片上的眼睛圈起來，孩子說 nose，各位就將圖上的鼻子圈起來。也可以讓孩子看著圖片，假裝自己是圖片上的人或動物，利用主要句型造句來介紹自己。

★ 本章主要句型（有畫底線的單字，可用其他單字替換）
1. I am Sam. I am a boy. I am five years old.
2. I am Sam's brother.
3. This is my nose. These are my eyes.
4. My head is big. My eyes are small.
5. I have a small nose. I have long legs.
6. Point to your nose. / Touch your mouth.
7. Put your hand on your head.
8. I see with my eyes.

★ 製作身分卡
本章的重點在於要讓孩子學會如何用英文介紹自己，因此各位可以製作多張身份卡，用來跟孩子玩模擬人設的遊戲，也就是抽到哪張卡，就假裝自己是身分卡上的那個人來自我介紹。身份卡格式如下圖。

Lily	Tim
a girl	a boy
seven years old	ten years old

Chapter 3

描述自己

- head
- eye
- ear
- nose
- mouth
- teeth
- arm
- hand
- leg
- foot

Stage 1 用短短句子記住單字！

Unit 1　I am 我是

I am Pam.
我是 Pam。

I am a girl.
我是一個女孩。

I am four years old.
我 4 歲。

I am Sam.
我是 Sam。

I am a boy.
我是一個男孩。

I am Pam's brother.
我是 Pam 的哥哥。

I am five years old.
我 5 歲。

I am Ann.
我是 Ann。

I am a girl.
我是一個女孩。

I am Pam's sister.
我是 Pam 的姊姊。

I am ten years old.
我 10 歲。

家長、老師可以這樣做！

在人名的後面加上撇號「'」，再加上 s，可以構成所有格，例如上面的 Pam's，意思是「Pam 的」。Pam's 也有可能是 Pam is 跟 Pam has（完成式助動詞）的縮寫，不過在本書中不會使用這兩種縮寫。

說說看

請將自己的相片貼在下面,並將自己的名字、年齡跟性別寫出來,大聲和別人介紹自己。

I am _____.

I am a boy / a girl.

I am _____ years old.

Unit 2

this is / these are
這個是／這些是

請用線將圖上的各個部位和對應的句子連起來。

① This is my hair.
這是我的頭髮。

② These are my eyes.
這些是我的眼睛。

③ These are my ears.
這些是我的耳朵。

⑤ This is my nose.
這是我的鼻子。

④ This is my mouth.
這是我的嘴巴。

家長、老師可以這樣做！

- this 是「這個」，後面出現的是單數的 be 動詞 is，is 之後接「a / an ＋單數名詞」。
- these 是「這些」，後面是複數的 be 動詞 are，are 之後則接「複數名詞」。
- 請特別注意，當主詞是單數的時候，be 動詞要用 is，主詞是複數的時候，be 動詞要用 are。
- 請提醒孩子，當東西只有一個的時候，注意前面一定要加上 a / an，但如果名詞的前面出現了 the 或所有格如 Pam's（人名's）或 my 等字，那就不需要加 a / an。另外，如果東西的數量數起來超過一個時，要在字尾加上 s。

臉上有什麼？

請把自己的照片貼到下面，一邊摸自己照片上的眼睛、鼻子、嘴巴等各個部位，一邊利用左頁的句型大聲說出來。

Unit 3　My legs are long.
我的腿很長。

038

hair 頭髮

② I have short hair.
我是短髮。

head 頭

① My head is big.
我的頭很大。

neck 脖子

shoulder 肩膀

arm 手臂

③ My legs are long.
我的腿很長。

leg 腿

④ My hands are big, and my fingers are long.
我的手很大，而且我的手指頭很長。

⑤ I have small feet, but my toes are long.
我的腳很小，但腳趾很長。

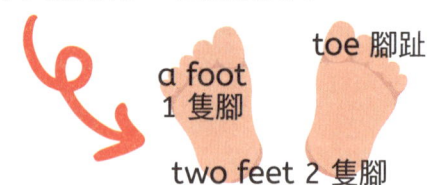

finger 手指

hand 手掌

a foot 1 隻腳

toe 腳趾

two feet 2 隻腳

家長、老師可以這樣做！

- 英文有兩種描述身體部位的方式（有畫底線的單字，可用其他單字替換）
  1. My <u>eyes</u> are <u>big</u>. / My <u>nose</u> is <u>small</u>.
  2. I have <u>big</u> <u>eyes</u>. / I have <u>a</u> <u>small</u> <u>nose</u>.
- 當主詞是單數時，請注意 be 動詞要用 is，主詞是複數時，be 動詞要用 are。
- 當名詞的數量超過一個時，字尾要加上 s。
- 用 and 連接兩個句子時，and 的前面要加逗號，and 前後的兩個句子的內容不衝突，例如，前後兩句都在講優點。另一方面，當用 but 連接時，but 之前也必須加上逗號，但是 but 前後出現的兩個句子，語意會互相衝突，比如，前一句講優點，後面那句就會說缺點。

說說自己、圈圈看

將自己的照片貼在方框裡，仔細觀察自己，看看這些句子裡的哪個形容詞最符合對你自己的描述，把這些形容詞圈起來。

My head is big / small.

我的頭很大／小。

My hair is long / short.

我的頭髮很長／短。

I have big / small hands.

我有一雙大大的／小小的手。

I have long / short fingers.

我有長長的／短短的手指頭。

My legs are long / short.

我的腿很長／短。

My feet are big / small.

我的雙腳很大／小。

My toes are long / short.

我的腳趾長長的／短短的。

43

Unit 4 Point to your eye.
Touch your nose.

指著你的眼睛。
摸摸你的鼻子。

Point to your arm.
指著你的一隻手臂。

Touch your finger.
摸摸你的一根手指頭。

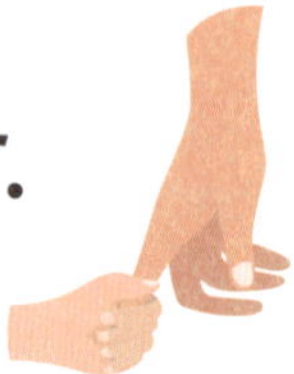

Point to your toes.
指著你的腳趾頭。

Touch your shoulders.
摸摸你的兩個肩膀。

Point to your foot.
指著你的一隻腳丫子。

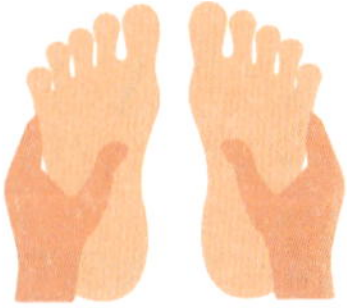

Touch your feet.
摸摸你的兩隻腳丫子。

Touch your hair.
摸摸你的頭髮。

Point to your head.
指著你的頭。

74

摸摸指指

透過跟孩子玩摸摸指指的遊戲，讓孩子熟悉身體各部位的名稱。做動作的人要複誦指令中出現的部位，並將指令中的 your 改成 my，一定要特別注意這些部位的單複數，如果是複數，請別忘記字尾的 s。在孩子熟悉遊戲玩法和各部位名稱後，可以讓孩子來發號施令，改由家長或老師做動作。

040

Touch your shoulders.
摸摸你的兩個肩膀。

My shoulders.
我的兩個肩膀。

Point to your toes.
指著你的腳指頭。

My toes.
我的腳指頭。

家長、老師可以這樣做！

請特別注意，如果各位只想要孩子去指或摸「單一隻眼睛」或「單一邊肩膀」等部位時，不要在名詞的後面加上 s，同時也要提醒孩子，注意名詞的字尾有沒有加上 s，並做出正確的反應。另外，foot 是「一隻」腳掌，而 feet 則是複數的「兩隻以上」。foot 的複數形不同於一般僅在字尾加 s 的名詞，要特別注意。

身體扭扭扭

玩這個遊戲時,請指示孩子用身體的一個部位,去碰觸另外一個部位。這個遊戲可以讓孩子好好伸展他們的身體,又非常有趣,孩子會很喜歡玩。

Put your finger on your nose.
將你的一根手指放在你的鼻子上。

Put your foot on your arm.
將你的一隻腳丫子放在你的一隻手臂上。

Put your toe on your ear.
將你的一根腳趾頭放在一隻耳朵上。

Put your feet on your head.
將你的兩隻腳丫子放在你的頭上。

Put your hands on your legs.
將你的兩隻手放在你的兩條腿上。

家長、老師可以這樣做!

- 多跟孩子玩「摸摸指指」跟「身體扭扭扭」的遊戲,這兩個遊戲都會要求孩子用手去指或摸身體的各部位,可以透過實際動作讓孩子對身體各部位的說法更加熟悉。
- 在熟悉身體各部位名稱及句型之後,也可以改由孩子來發號施令,而各位來比動作。
- 這兩個遊戲都可以變成「Mother says 遊戲」,也就是我們常玩的「老師說」,可以提升孩子的注意力,並增加遊戲的趣味性。

怪物樂園

042

I am a monster.
我是隻怪獸。

Look at me!
看我!

I have big eyes and a very big mouth.
我有雙大眼睛跟一張非常大的嘴巴。

Look at me!
看我!

Look at me!
看我!

I am a monster.
我是隻怪獸。

Look at me!
看我!

I have three eyes and a very small mouth.
我有三隻眼睛跟一張非常小的嘴巴。

Look at me!
看我!

Look at me!
看我!

Unit 5

5 senses
五種感官

043

I see with my eyes.

我用眼睛看東西。

I smell with my nose.

我用鼻子聞味道。

I hear with my ears.

我用耳朵聽聲音。

I taste with my tongue.

我用舌頭嚐味道。

I feel with my hands.

我用雙手觸摸感受。

連連看

請一邊看著下面的部分句子,一邊聽著錄音,依照錄音中所說的內容,將前半句與正確的後半句用線連起來,變成一個完整的句子。

044

I see
我看見

with my ears.
用耳朵。

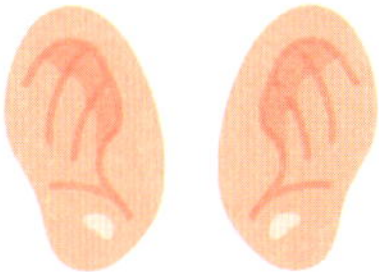

I hear
我聽見

with my tongue.
用舌頭。

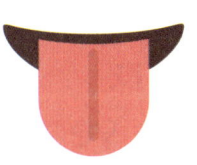

I smell
我聞味道

with my eyes.
用眼睛。

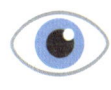

I taste
我嚐味道

with my hands.
用手。

I feel
我觸摸

with my nose.
用鼻子。

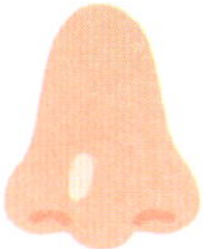

79

Stage 2 看圖造句試試看

一邊聽音檔,一邊看著圖片上提供的資訊,假裝自己就是身分卡的主人翁,向大家好好介紹自己。

I am _____.
I am a boy / a girl.
I am _____ years old.

Sandy
a girl
nine years old

Ben
a boy
seven years old

Tim
a boy
eight years old

句型

My <u>ears</u> are <u>big</u>.
我的耳朵很大。

My <u>mouth</u> is <u>small</u>.
我的嘴巴小小的。

I have a <u>small</u> <u>nose</u>.
我有一個小小的鼻子。

I have <u>short</u> hair.
我是短髮。

I have <u>round</u> <u>eyes</u>.
我有一雙圓圓的眼睛。

I have <u>long</u> <u>legs</u>.
我有一雙長腿。

請一邊聽音檔,一邊看著下面的圖片,將錄音中用來描述這張圖片的形容詞跟圖片連起來,並請跟著音檔內容,利用上面的句型來造句,畫有底線的部分可用其他單字替換。

046

big 大的

small 小的

long 長的

short 短的

round 圓圓的

eyes 眼睛

legs 腿

head 頭

nose 鼻子

mouth 嘴巴

fingers 手指頭

feet 一雙腳丫子

arms 兩隻手臂

Stage 3 聽聽看、唸唸看、畫畫看

請一邊聽音檔、一邊看著下面的句子,試著把自我介紹的怪物畫出來。

I am a monster.
I have two heads.
I have three big eyes and a small nose.
My mouth is big, and my four ears are big, too.
I have four short arms and four small hands.
I have two long legs. My feet are big.

翻譯 我是一個怪物。我有 2 個頭。我有 3 個大眼睛和 1 個小鼻子。我的嘴很大,我的 4 個耳朵也很大。我有 4 隻短短的手臂和 4 個小小的手掌。我有 2 條長腿。我的腳很大。

請一邊聽音檔,一邊看著下面的句子,把句子裡提到的東西畫出來,並塗上句子裡指定的顏色。

048

On the red sofa, there are two yellow books.
On the window, I see a little insect.
My dog is at the door. It is very big.

翻譯 紅色的沙發上有 2 本黃色的書。在窗戶上,我看到一隻小昆蟲。我的狗在門口。牠非常大隻。

83

寫在前面　在 Chapter 4 興趣與能力 之前，我有些話想和您說……

★ 本章主要單字
they、yes、no、do、don't、can、can't、do、like、wash、swim、run、read、write、jump、make、sing、ride、fly、draw、very、high、fast、happy、name、thing、bird、bike

各位請將上面這些單字製作成單字卡，除了單字心臟病和賓果遊戲外，還可以讓孩子用大寫版跟小寫版單字卡來玩抽鬼牌遊戲，透過這些活動，能讓孩子更快認識這些單字。

本章收錄的主要單字多半是「動作」，且搭配了許多不同的遊戲，各位可以從中選擇，並在恰當的時機多多和孩子玩這些遊戲，而不要只是一再重複唸相同的句子，透過遊戲學習的效果，會比無聊地單純唸句子要好得多。

各位也可以修改或調整這些遊戲的進行方式，並在後面的章節中應用。請多跟孩子玩「發號施令做動作」的遊戲，例如，孩子說 sing，各位就做出唱歌的動作，所有參與遊戲的人都可以輪流下指令，讓孩子有機會利用肢體記憶，熟悉這些動作類單字，等孩子對這些字熟悉一點後，就可以改玩「抽單字卡做動作」的遊戲，或是玩「比手畫腳」的遊戲。

★ 本章補充單字
hamburger、pizza、hot dog、cookie、cake、kiwi、banana、orange、juice、water、milk、tea、ice cream、coffee

本章的補充單字多為「食物」名稱，請各位幫孩子製作「食物單字書」，讓孩子塗色並經常翻閱。除此之外，未來孩子在吃到這些食物時，可以同時複習這些單字。請經常運用下面的主要句型來做口語造句練習。

★ 本章主要句型（有畫底線的單字，可用其他單字替換）
1. I like pizza. I like apples.
2. I don't like cake. I don't like bananas.
3. Do you like milk? Yes, I do. / No, I don't.
4. I can read (and write). I can't ride a bike.
5. Can you fly? Yes, I can. / No, I can't.
6. Sam can swim, but he can't ride a bike.

本章的學習重點是讓孩子學會向別人介紹自己喜歡或不喜歡的人、事、物，各位可以製作許多像 Stage 3 中出現的「All About Me」的卡片，和孩子玩角色扮演的遊戲，假裝自己是抽到的卡片上所寫的那個人，向別人介紹自己。

Chapter 4

興趣與能力

Stage 1 用短短句子記住單字！

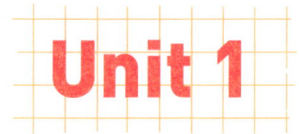

Unit 1　I like … / I don't like…
我喜歡～／我不喜歡～

I like hamburgers.
我喜歡漢堡。

I like bananas.
我喜歡香蕉。

I like juice.
我喜歡果汁。

I like ice cream.
我喜歡冰淇淋。

I don't like fish.
我不喜歡魚肉。

I don't like apples.
我不喜歡蘋果。

I don't like coffee.
我不喜歡咖啡。

家長、老師可以這樣做！

- 通常氣體、液體跟形狀會隨容器改變的東西會是「不可數名詞」，沒有複數形，但因為孩子年紀太小，可能無法理解這背後的道理，所以只要讓孩子每次都說正確的句子，那就可以了，不用太過強調文法規則。
- 如果喜歡或討厭的不是特定的某一個，而是該種類，如 apple 和 juice，喜歡的是「蘋果」和「果汁」這個種類，而不是特定的某顆或某罐，這時若是可數名詞，就要加 s 用複數來代表泛稱，不可數名詞的話則不用。
- 當主詞不可以用 he、she、it 來代替時，否定句要加上否定助動詞 don't。

圈圈樂

請看看下面出現的食物跟飲料,把喜歡的圈起來,不喜歡的打叉,然後參考例句,用這些單字來造出句子。

例

1. I like pizza.
   我喜歡披薩。
2. I don't like water.
   我不喜歡水。
3. I like cookies.
   我喜歡餅乾。
4. I don't like kiwis.
   我不喜歡奇異果。

補充單字

hamburgers 漢堡

juice 果汁

apples 蘋果

cookies 餅乾

fish 魚肉

water 水

bananas 香蕉

cake 蛋糕

pizza 披薩

coffee 咖啡

kiwis 奇異果

ice cream 冰淇淋

家長、老師可以這樣做!

- 讓孩子將上面字尾沒有 s 的單字特別圈出來,這些單字在這裡是不可數名詞。
- 通常在說自己喜歡 pizza 跟 cake 時,字尾不會加上複數的 s,除非想要特別強調指的是「各式各樣的」蛋糕或披薩。
- 這裡的 fish 指的是「魚肉」,所以是不可數名詞。

87

釣釣樂

多和孩子玩釣釣樂遊戲，可以提升孩子的手眼協調能力。

● 準備材料

1. 釣竿：將一根長度適當的細繩，一端綁在一根小棍子上，另一端則綁上一顆強力磁鐵（或黏在上面），做成釣竿。
2. 單字圖卡：在名片卡上，畫出（或貼上）前面出現過的食物圖片，並在每一張名片卡上都夾上一個迴紋針。

單字圖卡範例

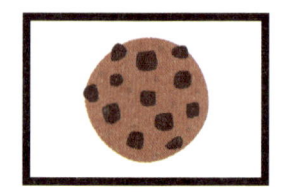

● 遊戲方法

1. 其中一人喊出一個食物名稱，另一個人拿著釣竿，將該食物的圖片釣起來，並跟著唸一次食物的名稱。
2. 剛開始時，記得讓每張單字圖卡間的距離遠一點，這樣會比較好釣。
3. 等孩子更熟悉釣圖卡的動作之後，就將單字圖卡擺得靠近一點，增加釣上正確單字的難度（擺得近一點，只要一不小心，就會釣到錯誤的圖卡）。
4. 即使釣上了錯的單字圖卡，也要說出釣上來的這張圖卡上食物的英文名稱，如果釣錯兩次，就要換一個人來釣或互換角色。

家長、老師可以這樣做！

- 在做單字圖卡時，除了不可數名詞外，其他所有可數名詞都請放一個就好，例如 cookie 就只放一片餅乾。在喊食物名稱時，提醒孩子要加上不定冠詞的 a 或 an。這樣可以讓孩子利用單字圖卡來練習不定冠詞的用法，例如 a book / an apple / water。
- 這個遊戲不僅能提升孩子的英文聽力、讓孩子對單字更加熟悉，還有助於增進手眼協調能力，對整體發展來說相當有幫助。

翻翻樂

透過翻卡配對遊戲，可以讓孩子對單字更熟悉，並增進記憶能力。

● 準備材料

1. 單字圖卡：如「釣釣樂」中的單字圖卡製作方式，但請將迴紋針取下。
2. 單字字卡：將本章中出現的食物單字寫在空白的名片卡上，做成小寫版單字字卡。（單字字卡的製作方式，請見 Chapter 1 的「寫在前面」專欄）

● 遊戲方法

1. 依每個孩子的學習情況，從他熟悉的單字中，選出適當數量的單字字卡和圖卡。
2. 在遊戲開始之前，先和孩子一起將每張單字卡與圖卡的唸法複習一遍，並做幾次將表示同一種食物的單字字卡和圖卡放在一起的練習。
3. 將單字字卡跟圖卡蓋牌後混合，再將這些卡片整齊地以 3x4 或 4x4（以此類推）的方式排列。
4. 一方先翻出兩張卡片，邊翻邊唸出卡片上的食物英文。如果翻出的兩張卡片上所指的食物不同，就將卡片原封不動地蓋回去，接著換下一個人翻卡。如果兩張卡片上的食物相同，就可以將這兩張牌放到身旁收好，且可以繼續翻兩張卡片，直到翻出兩張不同食物的卡牌，接著才換人翻卡。
5. 在遊戲進行過程中，不可以移動卡牌的擺放位置，因為這樣會影響孩子對卡牌位置的記憶。

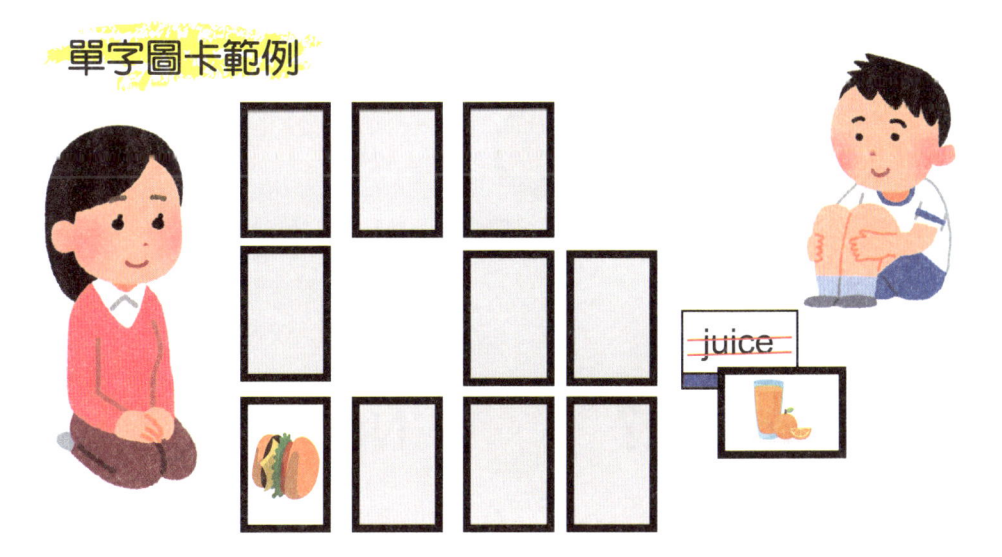

單字圖卡範例

Unit 2

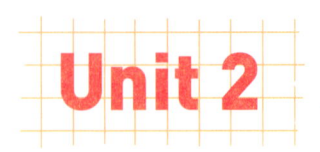

Do you like cookies? Yes, I do. / No, I don't.

你喜歡餅乾嗎？
對，我喜歡。／不，我不喜歡。

Do you like cookies?
你喜歡餅乾嗎？

Yes, I do. ✓
對，我喜歡。

Do you like milk?
你喜歡牛奶嗎？

Yes, I do. ✓
對，我喜歡。

Do you like hot dogs?
你喜歡熱狗嗎？

Yes, I do. ✓
對，我喜歡。

Do you like pizza?
你喜歡披薩嗎？

No, I don't. ✗
不，我不喜歡。

Do you like oranges?
你喜歡柳橙嗎？

No, I don't. ✗
不，我不喜歡。

Do you like tea?
你喜歡茶嗎？

No, I don't. ✗
不，我不喜歡。

猜中你的心！

透過問答累積線索，引導孩子做出有根據的猜測，可以訓練並提升邏輯思考的能力。

問答句型

Do you like cake?
你喜歡蛋糕嗎？

Yes, I do. ✓
對，我喜歡。

Do you like kiwis?
你喜歡奇異果嗎？

No, I don't. ✗
不，我不喜歡。

● 遊戲方法

1. 先列出八個單字，進行遊戲的雙方再從中選出四個喜歡跟四個不喜歡的東西，填入「喜歡討厭調查表」裡。請特別注意，因為這裡出現的東西都是泛稱（沒有特定哪一個），所以可數名詞要用複數形。
2. 一方先問「Do you like …?」，另一方回答「Yes, I do.」或「No, I don't.」。
3. 雙方按順序互相問答，直到一方完全猜出另一方喜歡和討厭的東西為止。
4. 提醒孩子要將問答的結果記錄下來，可以將問過的單字及結果在「猜測紀錄表」上寫下來，例如在猜過且猜錯的字上打叉，猜對的則打勾。這樣做可以讓孩子在遊戲中訓練基本的邏輯思維。
5. 等孩子越來越會玩這個遊戲，就可以增加用來猜的單字數量。

猜測單字庫範例

pizza 披薩

cake 蛋糕

kiwis 奇異果

hot dogs 熱狗

milk 牛奶

tea 茶

cookies 餅乾

oranges 柳橙

喜歡討厭調查表

我喜歡和討厭的東西	
O	X
milk	pizza
tea	cake
cookies	kiwis
hot dogs	oranges

他喜歡和討厭的東西	
O	X
cookies	milk

猜測紀錄表

O	m~~il~~k pizza co✓okies ki~~w~~is cake tea hot dogs oranges
X	m✓ilk pizza cookies kiwis cake tea hot dogs oranges

　　一邊在「猜測紀錄表」上用打勾和打叉來記錄猜測結果，一邊將猜中的東西寫進屬於對方的「喜歡討厭調查表」的空格裡。

Unit 3

I can sing.
我會唱歌。

052

I can sing.
我會唱歌。

I can read and write.
我會讀和寫。

I can swim.
我會游泳。

I can draw an apple.
我會畫蘋果。

I can run very fast.
我可以跑非常快。

I can wash my hair.
我會洗我的頭髮。

I can do many things.
我會做很多事情。

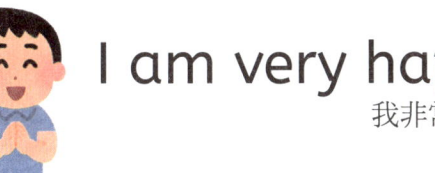

I am very happy.
我非常快樂。

93

圈圈樂

請將音檔中小朋友說他會做的事情圈起來。

053

I can ...
我會～

swim
游泳

draw a mouse
畫一隻老鼠

sing
唱歌

draw a banana
畫一根香蕉

read
閱讀

run very fast
跑非常快

write
寫字

wash my hair
洗我的頭髮

家長、老師可以這樣做！

先讓孩子看著這些動作單字說出自己會做的動作，接著讓孩子一邊聽音檔一邊跟著唸並做動作（代表性的動作即可，例如 read 可以用「翻頁」的動作來表現）。

Unit 4

Can you fly?
Yes, I can. /
No, I can't.

你會飛嗎？
對，我會。／不，我不會。

Can you fly?
你會飛嗎？

No, I can't. ✗
不，我不會。

Can you ride a bike?
你會騎腳踏車嗎？

Yes, I can. ✓
是的，我會。

Can you make a cake?
你會做蛋糕嗎？

Yes, I can. ✓
是的，我會。

Can you jump very high?
你能夠跳非常高嗎？

No, I can't. ✗
不，我不會。

家長、老師可以這樣做！

- 當動詞前面出現 can 或 can't，不管主詞是單數還是複數，動詞都要保持原形。
- 年紀太小的孩子聽不懂文法規則，所以不需要講解太多文法，各位只要唸正確的句子給他聽，請他跟著你再唸一次，這樣多加練習就可以了。

95

我是小記者

請利用下面的句型和動作單字,讓孩子開口詢問家人或朋友會做或不會做什麼,並將得到的答案所對應的號碼寫在調查表上。家長或老師們也要反過來詢問孩子會做或不會做什麼,把答案記錄下來。

問答句型

055

Can you ride a bike?
你會騎腳踏車嗎?

Yes, I can. I can ride a bike. ✓
是的,我會。我會騎腳踏車

No, I can't. I can't ride a bike. ✗
不,我不會。我不會騎腳踏車

答案紀錄紙

自己			對方	
can 會	can't 不會		can 會	can't 不會

1. fly 飛
2. read 閱讀
3. draw 畫畫
4. swim 游泳
5. sing 唱歌
6. write 寫字
7. ride a bike 騎腳踏車
8. make a cake 做蛋糕
9. jump very high 跳非常高
10. run very fast 跑非常快

比手畫腳

讓孩子練習要如何用肢體表達,並試著學習如何觀察別人的肢體語言。

● 準備材料

謎題卡:將一張 A4 紙,對折、對折、再對折,折成 8 等分的長條,在上面寫句子,例如 I can ride a bike.、I can't swim.、I can't make a cake. 等等,各種不同的動作共 8 句。

謎題卡範例

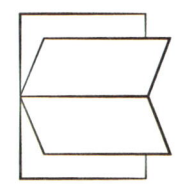

I can't make a cake.

I can run very fast.

● 遊戲方法

1. 參與遊戲的其中一方抽出一張謎題卡,依照謎題卡上的句子提示,做出對應的動作,讓對方猜謎題卡上寫的句子內容。
2. 在對方猜對後,就換人抽卡做動作,輪流進行。

I can run very fast.

家長、老師可以這樣做!

- 在開始玩比手畫腳之前,可以利用前面介紹過的釣釣樂或翻卡遊戲來複習動作跟單字。
- 在進行遊戲之前,必須先確認孩子看得懂謎題卡上句子的語意。
- 在開始做動作前,可以提示孩子 I、can 和 can't 的比法是什麼,讓孩子更容易進行遊戲。

動動歌謠

根據用到的動作單字,設計一些容易做出的動作,和孩子一起唸歌謠、一邊做動作。

Swim, swim,
Fish can swim.
Fish can swim, and I can swim.

Fly, fly,
Birds can fly.
Birds can fly, but I can't fly.

Run, run,
Can elephants run?
Yes, they can.
But they can't run fast.

Jump, jump,
Can you jump?
Yes, I can.
And I can jump very high!

翻譯 游泳、游泳,魚會游泳。魚會游,我也會游。
飛翔、飛翔,鳥兒可以飛翔。鳥兒會飛,但我不會飛。
跑、跑,大象會跑嗎?是的,牠們會。但牠們跑不快。
跳、跳,你能跳嗎?是的,我能跳。而且我可以跳非常高!

Stage 2 造個句子試試看

下一頁列出了 1~12 個動作，請聽音檔，將主人翁所說的自己跟 Sam 會做跟不會做的事的對應編號，填入下方的格子中，接著請按照下列句子的句型來造出自己的句子，其中劃有底線的單字，可以用其他字替換。

I can sing and ride a bike.
我會唱歌，也會騎腳踏車。

I can read, but I can't write.
我會閱讀，但我不會寫字。

Sam can swim and run very fast.
Sam 會游泳，還能跑非常快。

Sam can jump very high, but he can't fly.
Sam 能夠跳非常高，但是他不會飛。

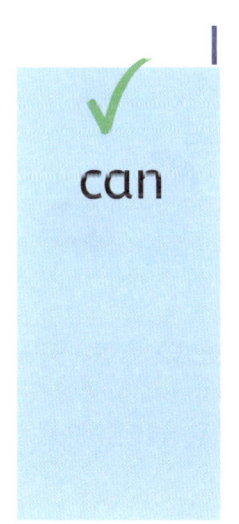

下面列出了 1~12 個動作，請將音檔中說到 Sam 會做的動作編號圈起來、不會的打叉，接著請運用下面句子的句型來造句。

058

句型

Sam can read.
Sam 會閱讀。

Sam can't write.
Sam 不會寫字。

1. ride a bike
   騎腳踏車

2. read
   閱讀

3. sing
   唱歌

4. swim
   游泳

5. write
   寫字

6. fly
   飛

7. draw a mouse
   畫一隻老鼠

8. make coffee
   泡咖啡

9. make a cake
   做蛋糕

10. run very fast
    跑非常快

11. jump very high
    跳非常高

12. make cookies
    做餅乾

家長、老師可以這樣做！

- 請先讓孩子聽音檔，邊聽音檔邊跟著唸，直到能夠理解單字與片語的意思，再開始做 Stage 2 的練習。
- 可以多跟孩子玩「老師說」或「比手畫腳」的遊戲，讓他們能透過活動肢體來記住英文。

Stage 3 聽聽看、唸唸看、寫寫看

請邊聽音檔邊看下面的短文,將提及的資訊填入便條紙中的欄位裡。

Hello! My name is Tim. I am a boy. I am seven years old. I like cake and juice. I don't like hamburgers. I like to sing. I don't like to swim. I can jump very high, but I can't ride a bike.

All About Me
關於我的一切

Name: Age:

I like…:   I don't like…:

I like to…:   I don't like to…:

I can…:   I can't…:

翻譯 你好!我的名字是 Tim。我是男生。我 7 歲了。我喜歡蛋糕和果汁。我不喜歡漢堡。我喜歡唱歌。我不喜歡游泳。我可以跳得非常高,但我不會騎腳踏車。

請一邊聽音檔，一邊看下方便利貼中已經填入的資訊，將這些資訊寫在下方短文中對應的空格裡。

060

Hello! My name is _____ . I am a girl. I am _____ years old. I like _____ and _____. I don't like _____. I like to _____. I don't like to _____. I can _____, but I can't _____.

All About Me
關於我的一切

Name: Lily
I like...:
milk, cookies
I like to...:
read books
I can...:
swim

Age: 10
I don't like...:
kiwis
I don't like to...:
run
I can't...:
ride a bike

翻譯 哈囉！我的名字是 Lily。我是女生。我 10 歲了。我喜歡牛奶和餅乾。我不喜歡奇異果。我喜歡看書。我不喜歡跑步。我會游泳，但我不會騎腳踏車。

102

寫在前面 在 Chapter 5 介紹家人 之前，我有些話想和您說……

★ 本章主要單字
she、he、they、her、his、him、who、does、doesn't、love、has、likes、walk、take、play、look、watch、always、often、around、also、well、before、tall、pretty、good、kind、old、morning

請各位將這些重要的主要單字製作成單字卡，這些單字卡除了可以用來和孩子玩單字心臟病和賓果遊戲外，也可以從這些單字卡中，每次選出五張，從上往下排，讓孩子看著單字卡照順序唸一次單字，接著變換擺放順序，然後再唸一次。

只要每天做幾組這種機械式練習，即能讓孩子熟練本書收錄的主要單字，甚至可以熟練到看一眼就能辨識出來的程度，這樣一來，孩子的英文閱讀能力就能得到大幅提升。

Chapter 3、4、5 章收錄的主要單字中很多都是動詞，請用這些動詞為孩子製作「動作單字書」，並利用這本單字書和孩子進行互動，例如可以翻到某一頁，然後邊唸該頁的單字邊做三次動作。

★ 本章補充單字
strong、short、thin、young、father、mother、grandmother、grandfather、man、woman、fruit、vegetables、meat、park、story、game

請家長將這些補充單字也加入單字書，讓孩子把字義畫出來或搭配圖片，經常翻閱，並運用主要句型多做口語造句練習。

★ **本章主要句型**（有畫底線的單字，可用其他單字替換）
1. Who is this? She is my <u>mother</u>.
2. This is my <u>grandmother</u>.
   Her name is <u>Mary</u>.（句型中出現的人名，可以使用中文名字）
3. She is <u>kind</u>. She is not <u>tall</u>.
4. I love <u>him</u>.
5. My <u>grandfather</u> has big <u>hands</u>.
6. <u>She</u> likes to <u>read books</u>.
7. <u>He</u> takes me to the <u>park</u>.
8. <u>She</u> looks <u>young</u>.
9. <u>He</u> can <u>sing</u> well.
10. What does your <u>father</u> like to do? <u>He</u> likes to <u>play games</u>.
11. What do you like to do? I like to <u>sing</u>.

　　本章的學習重點是讓孩子學會向別人介紹自己的家人，並告訴別人這些家庭成員喜歡或討厭些什麼，各位可以製作許多像 Stage 3 中出現的「All About My Father」家人資訊卡，讓孩子看著卡片上的內容，向別人介紹自己的家人。

Chapter 5

介紹家人

Stage 1 用短短句子記住單字！

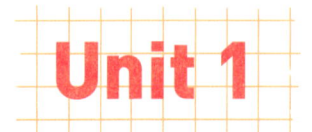

Unit 1　Who is this?
這是誰？

Who is this?
這是誰？

She is my mother.
她是我媽媽。

Who is this?
這是誰？

He is my father.
他是我爸爸。

家長、老師可以這樣做！

- 比較口語的「爸爸」和「媽媽」的英文說法是 dad 和 mom。
- 無論是「姊姊」或「妹妹」，英文都是 sister，而「哥哥」或「弟弟」都可以用 brother 表達。
- 指著男生問「Who is this?」時，要用 he 來回答，如果指著的是女生，則用 she 回答。在每次練習前，都請先提醒孩子：「遇到 who 的問題，答案會是人名，或是回答的人和被詢問身分的人之間的關係，就像 mother(mom) 這樣。」

106

介紹一下

請孩子將與家人的合照貼在下方的欄位裡,家長或老師可以利用下面的句型來和孩子進行交互問答。

Who is this?
這是誰?

He is my father.
他是我爸爸。

She is my mother.
她是我媽媽。

He is my brother.
他是我哥哥(或弟弟)。

She is my sister.
她是我姊姊(或妹妹)。

Unit 2　He is / She is
他是／她是

This is my father.
這是我爸爸。

His name is Tom.
他的名字是 Tom。

He is very tall.
他非常高。

He is a good man.
他是個好男人。

I love him.
我很愛他。

This is my mother.
這是我媽媽。

Her name is Jenny.
她的名字是 Jenny。

She is not tall.
她不高。

She is a pretty woman.
她是個漂亮的女人。

I love her, too.
我也很愛她。

家長、老師可以這樣做！

- 中文裡最常用到的「他」有三種：他／她／它（這裡先不討論動物的「牠」和神祇的「祂」），英文也一樣，但使用時還必須區分「主格」、「受格」跟「所有格」。當男生的「他」出現在動詞之前時，必須用主格 he，在動詞後面或介系詞之後出現時，則要用受格 him，後面如果接的是這個人擁有的東西，就會用所有格 his（他的）；女生的「她」的主格是 she、受格是 her，所有格也是 her；代稱事物跟動物的「它／牠」的主格或受格都是 it，所有格則是 its。

- 如果孩子的年紀太小，聽不懂文法，那就不需要講解文法給他聽，只要一直對他說正確的句子，讓他模仿你說的句子就好。當孩子說錯時，不要直接糾正他說錯了，只要再說一次正確的句子，然後請孩子跟著你說一次即可。這種學習方式就像在教母語一樣，久而久之孩子就會自然說出正確的句子了。

介紹一下

將自己家人的資料寫在下面的空格裡，並利用前面學到的句子，向其他人介紹自己的家人。

使用單字

man / woman / boy / girl
男人／女人／男孩／女孩

tall / short / good
高的／矮的／好的

name / age
名字／年齡

	name / age	man / woman / boy / girl	tall / short / good
father			
mother			
brother			
sister			

家長、老師可以這樣做！

- 這個練習的目的在於希望孩子能學會填寫表格，並能看著表格上提供的資訊，結合前面學過的句型，說出完整的句子。
- 請各位多多提醒孩子：「男生的他」he 跟「女生的她」she 在主格、受格跟所有格時的形態不同。
- boy 是「男孩」，「成年男人」是 man；girl 是「女孩」，「成年女人」是 woman。

109

Unit 3　My Grandfather
我的爺爺

My grandfather is old.
我的爺爺很老。

He is not tall, but he is strong.
他不高，但是他很強壯。

He has very big hands.
他有一雙非常大的手。

He likes to walk around.
他喜歡到處走走。

He is kind to me.
他對我很好。

He often takes me to the park in the morning.
他常常早上帶我去公園。

We play ball there.
我們在那裡玩球。

家長、老師可以這樣做！

- 當主詞是單數，而且這個主詞不是 you 也不是 I 的時候，後面出現的動詞要加上 s（s 的發音方式跟名詞複數加 s 一樣），動詞 have 變成 has，be 動詞則要用 is。
- 年紀太小的孩子無法理解文法規則，所以不需要講解太多文法，如果孩子唸錯了，那就由各位唸正確的句子給他聽，並請他跟著你再唸一次，這樣就可以了。只要每次都讓孩子開口說正確的句子，時間一久他就會習慣說正確的句子了。這點就跟我們在教母語時一樣，不用多講文法也能自然而然講出正確的句子。

說說看

請仔細觀察媽媽的外表,並將正確的描述內容圈起來。

My mother is tall / short / fat / thin.
我媽媽很高/矮/胖/瘦。

She has long / short hair.
她有一頭長/短髮。

She has big / small eyes.
她有一雙大/小眼睛。

Her nose is big / small.
她的鼻子大大的/小小的。

She is good to me.
她對我很好。

She loves me, and I love her, too.
她很愛我,我也很愛她。

家長、老師可以這樣做!

- 觀察對象不需要限定在媽媽,請讓孩子多多觀察身邊的家人、朋友及週遭事物,並盡可能多利用已經學過的英文句型和字彙來描述。
- 當孩子卡住、說不出來時,請各位要為孩子提供提示喔!
- 可以讓孩子觀察路人,並使用學過的單字和句型來造句,例如看到很高的女人經過時,可以說 The woman is tall.。

Unit 4　My Grandmother
我的奶奶

064

My grandmother looks young.
我的奶奶看起來很年輕。

She is short and thin.
她矮矮、瘦瘦的。

She likes fruit and vegetables, but she doesn't like meat.
她喜歡水果跟蔬菜，但是她不喜歡肉。

She likes to sing, and she can sing well.
她喜歡唱歌，而且她唱得很好。

She is also kind to me.
她也對我很好。

She always reads me a story book before bed.
她總是會在我睡覺前唸一本故事書給我聽。

家長、老師可以這樣做！

- 當主詞是單數，而且這個主詞不是 you 也不是 I 的時候，後面出現的動詞要加上 s（s 的發音方式跟名詞複數的接尾詞 s 一樣），否定句要加上 doesn't，後面接的動詞必須變回原形。請注意 doesn't 的發音。
- 當我們說喜歡某種東西時，是指喜歡「所有的這類東西」（不是其中的特定一個）。如果是不可數名詞，就直接使用該名詞，如果是可數名詞，就要用複數形來表示「泛稱」。
- fruit 跟 food 這兩個字是總稱，如果不是想要特別強調「不同的種類」，就不用加 s。

連連看

一邊聽音檔，一邊將音檔裡說的句子內容連起來。

065

I 我		milk. 牛奶。
You 你	like 喜歡	fruit. 水果。
It 它	likes 喜歡	cake. 蛋糕。
He 他		cookies. 餅乾。
She 她	don't like 不喜歡	hamburgers. 漢堡。
We 我們	doesn't like 不喜歡	bananas. 香蕉。
They 他們		dogs. 狗。
		cats. 貓。

家長、老師可以這樣做！

- 請注意，當句子的主詞是 I、you、we、they 時，肯定句裡的動詞不可以加上 s，否定句中要用 don't。
- 當主詞是單數，而且這個主詞不是 you 也不是 I 的時候，肯定句裡的動詞要加上 s（s 的發音方式跟名詞複數的 s 一樣），否定句要用 doesn't，後面動詞則必須變回原形。
- it 通常指「不是人」的單數名詞。

113

Unit 5　What does your father like to do?
你的爸爸喜歡做什麼？

What does your father like to do?
你的爸爸喜歡做什麼？

He likes to read books.
他喜歡看書。

What does your grandmother like to do?
你的奶奶喜歡做什麼？

She likes to watch TV.
她喜歡看電視。

What do you like to do?
你喜歡做什麼？

I like to play games.
我喜歡玩遊戲。

家長、老師可以這樣做！

- 當主詞是單數時，疑問句中在主詞之前要加上 does，「does＋主詞」後的動詞要變回原形。請注意 does 的發音。
- 當主詞是 I、you、we、they 跟複數時，疑問句中在主詞之前要加上的是 do，後面動詞一樣也要用原形。

我是小記者

問問家人或朋友「你喜歡做什麼？」，在藍色的格子中寫上被採訪的人的名字，然後在黃色的格子裡寫上他們各自喜歡做的事。

問答句型

What do you like to do?
你喜歡做什麼？

I like to play games.
我喜歡玩遊戲。

1. ride a bike 騎腳踏車
2. read books 看書
3. play games 玩遊戲
4. watch TV 看電視
5. walk around 到處走走
6. play ball 玩球
7. sing 唱歌
8. swim 游泳

名字			
喜歡做的事			

Stage 2 造個句子試試看

請聽聽看音檔中的主人翁說自己和他的爸爸、媽媽、哥哥、姊姊和朋友會做跟不會做些什麼，並將右頁對應的動作單字編號填入底下的便條裡。接著請看著便條，假裝自己是說話的主人翁，利用底下的句型來造句，句中有劃底線的地方，可以用其他字替換。

句型範例

068

I can <u>sing</u>, but I can't <u>dance</u>.
我會唱歌，但我不會跳舞。

My <u>mother</u> can <u>cook</u>.
我媽媽會煮飯。

My <u>father</u> can't <u>swim</u>.
我爸爸不會游泳。

Sam can <u>read</u> and <u>write</u>.
Sam 會看書和寫字。

I	Father	Mother
can　can't	can　can't	can　can't

Brother	Sister	Sam
can　can't	can　can't	can　can't

116

請利用下面的句型和列出的 12 個動作單字，造出句子來向大家介紹，自己跟家人們喜歡和不喜歡做什麼動作。出現在句型中 My 之後的空格，要填入的是家人們的稱呼：grandfather、grandmother、father、mother、brother、sister。

句型

I like to...
我喜歡做～

My _____ likes to...
我的_____喜歡做～

I don't like to...
我不喜歡做～

My _____ doesn't like to...
我的_____不喜歡做～

動作單字 069

1. walk around
   到處走走
2. play ball
   玩球
3. watch TV
   看電視
4. read books
   看書
5. sing
   唱歌
6. ride a bike
   騎腳踏車
7. play games
   玩遊戲
8. swim
   游泳
9. dance
   跳舞
10. cook
    煮飯
11. write
    寫字
12. run
    跑步

Stage 3 聽聽看、唸唸看、寫寫看

人物連連看

請孩子一邊聽音檔，一邊看著底下的短文開口跟著唸，熟練這些單字及句型。接著根據短文裡提供的資訊，引導孩子指出圖片中的爺爺、奶奶、爸爸、媽媽跟姊姊，並將家人稱呼的單字和正確的人物圖像連在一起。

Ben's Family

Hello! My name is Ben. There are six people in my family. My grandfather is old. He is not tall. My grandmother is also old and short. My father is tall. My mother is tall and pretty. I have a sister. She is pretty, too. I love them all.

Ben　grandfather　grandmother　father　mother　sister

翻譯 **Ben** 一家人

哈囉！我的名字是 Ben。我家有 6 個人。我的爺爺年紀很大。他不高。我的奶奶年紀也很大且很矮。我的爸爸很高。我的媽媽又高又漂亮。我有一個姊姊。她也很漂亮。我愛他們所有人。

請仔細聽音檔，在下面短文中的空格裡填入適當的單字，並將圖片人物與正確的關聯單字連起來。

My Family

Hello! My name is Lisa. There are ____ people in my family. My grandfather is ____. He is tall. My grandmother is also old and ____. My father is ____. My mother is ____. I have two ____. One of them is a ____. I love them all.

tall seven brothers short pretty baby old

翻譯 我們一家人
哈囉！我的名字是 Lisa。我家有 7 個人。我的爺爺年紀很大。他很高。我的奶奶也很老和高。我的爸爸很矮。我的媽媽很漂亮。我有兩個兄弟。其中一個是寶寶。我愛他們所有人。

人物資訊填填看

請一邊聽音檔、一邊看著底下的短文,再看底下的筆記欄,學習如何填入正確資訊。

Hello! My father is Tom. He is 45 years old. He likes dogs, but he doesn't like cats. He likes to walk around. He doesn't like to sing. He can play ball well, but he can't swim.

All about My Father
關於我爸爸的一切

Name: Tom

Age: 45

He likes…:

dogs

He doesn't like…:

cats

He likes to…:

walk around

He doesn't like to…:

sing

He can…:

play ball well

He can't…:

swim

翻譯 哈囉!我的爸爸是 Tom。他 45 歲了。他喜歡狗,但不喜歡貓。他喜歡到處走走。他不喜歡唱歌。他球打得很好,但是他不會游泳。

請聽音檔，閱讀短文，將資訊填入下面的筆記欄中。

My mother's name is Lily. She is 37 years old. She likes water and juice. She doesn't like milk. She likes to sing. She doesn't like to play ball. She can make coffee, but she can't make cookies.

073

All about My Mother
關於我媽媽的一切

Name: Age:

She likes…:   She doesn't like…:

She likes to…:   She doesn't like to…:

She can…:   She can't…:

翻譯 我媽媽的名字是 Lily。她 37 歲了。她喜歡水和果汁。她不喜歡牛奶。她喜歡唱歌。她不喜歡打球。她會煮咖啡，但她不會做餅乾。

家長、老師可以這樣做！

- 讓孩子像上面這樣，在調查完家人或朋友的資訊後，將調查內容整理成筆記，再看著筆記內容，使用上面短文中用到的句型來照樣造句，向其他人介紹家人或朋友。
- 請多跟孩子玩發號施令做動作的互動遊戲，比如「一個人說 sing、另一個人做出唱歌的動作」等等，便可讓孩子熟悉這些動作單字的發音及意義。
- 當孩子對這些單字更加熟悉後，便可利用單字字卡玩抽卡做動作的遊戲。

121

寫在前面

在 Chapter 6 學習真好玩 之前，我有些話想和您說……

　　動詞是英文句子的基本要素。前面第三、四、五章收錄的主要單字中有很多動詞，請在開始 Chapter 6 之前，先幫孩子製作好「動作單字書」，並利用這本單字書和孩子玩「翻到某一頁，就要邊唸邊做那一頁的動作三次」的遊戲。請一定要多跟孩子玩 Chapter 3~5 中介紹的遊戲，並盡量多做機械式的單字認字練習，務必要讓孩子熟練這些重要的動詞。

★ 本章主要單字
these、time

★ 本章補充單字
boat、train、eleven、twelve、thirteen、fourteen、fifteen、sixteen、seventeen、eighteen、nineteen、twenty、something、blue、black、o'clock、plus

　　請家長將這些單字加入單字書，讓孩子把字義畫出來或搭配圖片，經常翻閱，並用下面的主要句型多做口語造句練習。

★ 本章主要句型（有畫底線的單字，可用其他單字替換）
1. One plus nine is ten.
2. What time is it? It is two o'clock.
3. What is this? It is a bike.
4. What are these? They are bikes.
5. Please, touch something yellow.
6. Point to something blue, please.

　　本章的學習重點是讓孩子熟悉數字 1~20 及表達時間的「～點鐘」的英文說法，並清楚理解 this / these 這兩個「指示代名詞」的差別（this 是單數、these 是複數）及分別應該與哪個 be 動詞搭配使用。在學會「～點鐘」的英文說法後，各位在日常生活中遇到整點鐘時，可以多詢問孩子「現在幾點了？」，趁機練習開口說英文。此外，在 Chapter 6 中還介紹了說起來比較禮貌的 please 用法。

Chapter 6
學習真好玩

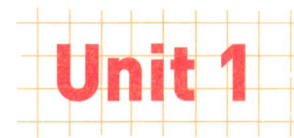

Stage 1 用短短句子記住單字！

Unit 1 — What is this? What are these?
這是什麼？這些是什麼？

What is this?
這是什麼？

It is a bike.
它是一輛腳踏車。

What is this?
這是什麼？

It is a bus.
它是一輛公車。

What are these?
這些是什麼？

They are toy boats.
它們是玩具船。

What are these?
這些是什麼？

They are toy trains.
它們是玩具火車。

家長、老師可以這樣做！

- this 是「這個」，用來代稱「靠近說話者自己的一個人、事、物」，而 these 是「這些」，用來代稱「靠近說話者自己、超過一個的人、事、物」。
- 在回答「What is this?」這個問題時，不要用 this，而要用 it 來代稱。it 是第三人稱單數，請特別注意搭配使用的 be 動詞是 is。
- 另一方面，在回答「What are these?」這個問題時，不要用 these，要用 they 來回答。請注意搭配使用的 be 動詞是 are。
- 之所以使用 it 跟 they 來回答 What is this? / What are these? 的問題，是為了避開問話者跟回話者間位置可能距離較遠所造成的困擾。

連連看

請看著圖片跟問題，用線把右邊的正確答案連起來。

075

What is this?
這是什麼？

What are these?
這些是什麼？

What are these?
這些是什麼？

What is this?
這是什麼？

They are story books.
它們是故事書。

It is a toy train.
它是一輛玩具火車。

They are toy boats.
它們是玩具船。

It is a bike.
它是一輛腳踏車。

Unit 2 One plus nine is ten. 1+9 = 10

1 + 9 = 10
One plus nine is ten.

2 + 8 = 10
Two plus eight is ten.

3 + 7 = 10
Three plus seven is ten.

4 + 6 = 10
Four plus six is ten.

5 + 5 = 10
Five plus five is ten.

家長、老師可以這樣做！

加法算式的正式英文唸法是 One plus nine is ten.，這個句子的主詞 one plus nine 是一個完整的概念（「1+9」這件事），所以後面的 be 動詞必須用單數 is。

加法遊戲

在熟悉數字 1 到 10 的概念及英文之後,就可以跟孩子玩修改版的撿紅點,一邊玩一邊對應著唸左頁的句子。

● 遊戲方法

1. 只取撲克牌的 1 到 9,總共 36 張牌,先發給玩家每人四張之後,再在桌面上翻開四張牌,剩下的都蓋牌。
2. 不管牌面是紅還是黑,只要手中有能跟桌面上擺著的牌上數字湊成 10 的牌,就可以把牌湊成一對拿走〔在拿走牌(吃牌)時要邊唸出左頁上對應的英文句子〕,接著再抽一張牌進來;手中如果沒有可以湊成 10 的牌,就要從手上的排組裡丟出一張,再抽一張進來。
3. 輪流玩到所有的牌都吃完,再數數看每個人總共得到多少組可以湊成 10 的牌(不管牌面是紅還是黑都算分)。在數總分時,請各位帶著孩子一組一組數 10、20、30、40、50……。

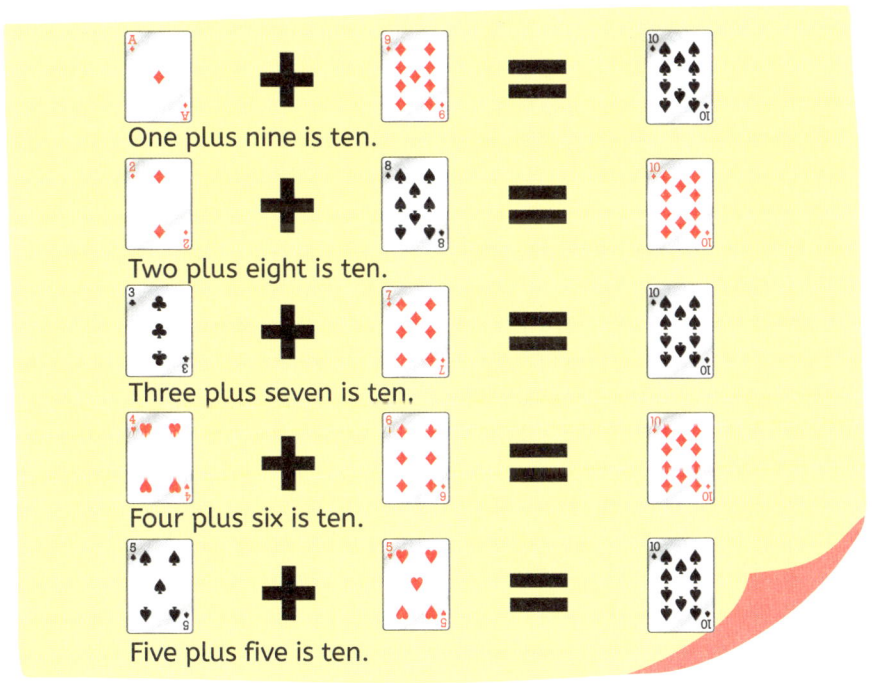

One plus nine is ten.

Two plus eight is ten.

Three plus seven is ten.

Four plus six is ten.

Five plus five is ten.

家長、老師可以這樣做!

在本章後面「數字簡單記」的專欄裡,提供了可以快速記住數字英文的方法,各位可以多帶孩子一起練習。

動動歌謠

One, two, three
That is a tree.
1、2、3,那是一棵樹。

Four, five, six
Give me a kiss.
4、5、6,親我一下。

Seven, eight, nine
Draw a line.
7、8、9,畫一條線。

Ten, eleven, twelve
Look at yourself.
10、11、12,看看你自己。

Thirteen, fourteen, fifteen
Can you see the queen?
13、14、15,你有看到皇后嗎?

Sixteen, seventeen, eighteen
What do you mean?
16、17、18,你的意思是什麼?

Nineteen and twenty
She's so pretty!
19 跟 20,她好漂亮喔!

21 點遊戲

請多和孩子一起玩這個撲克牌的 21 點遊戲，讓孩子能夠熟悉數字 1 到 21 的英文，並熟練到能看到數字立刻反應英文說法的程度。

11 eleven　**12** twelve　**13** thirteen　**14** fourteen
15 fifteen　**16** sixteen　**17** seventeen　**18** eighteen
19 nineteen　**20** twenty　**21** twenty-one

當成 21 點

當成 10 點的牌

王牌，可以當 1 點或 11 點

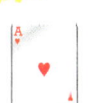

● **遊戲方法**

1. 每人發兩張牌，兩張牌都要翻開。
2. 玩家各自用英文唸出自己拿到的兩張牌上的點數，如果加起來不滿 15 點，就一定要補牌。
3. 補牌後唸出合計的點數，各位可以教孩子從他原本的兩張牌上的點數開始數，再接著新補上的那張牌上的點數，一點一點地用英文接著數。
4. 一開始拿到的兩張牌就已經超過或等於 15 點時，自己決定要不要補牌。
5. 如果補牌後總點數超過 21 點，就爆掉了（輸了）。
6. 如果一開始就拿到一張 10 點跟一張 A，就用英文大喊 21，直接就贏了。
7. 在大家都補完牌後，輪到莊家決定是否補牌，莊家也要跟玩家一樣，用英文唸出牌面點數。
8. 最後，莊家跟玩家互比點數大小，比莊家小就輸、比莊家大就贏了。

家長、老師可以這樣做！

- 當孩子已經很熟悉數字 1-10 的概念和英文時，就可以開始練習從 11 數到 20。請提醒孩子，英文的 13 到 19 的第二個音節，發音是類似「ㄊㄧㄣˋ」的鼻音。雖然中文裡沒有相對應的字，但是可以讓孩子先說「聲音的音」，再唸成四聲的「印」，最後加上「ㄊ」的音來拼湊出唸法。
- 等孩子大一點或對遊戲更熟悉後，就可以讓孩子當莊家。
- 請提醒孩子，J~K 代表的是 10，而 A 可以當成 1 或 11。

Unit 3

What time is it?
現在幾點？

079

It is one o'clock.
現在 1 點。

It is two o'clock.
現在 2 點。

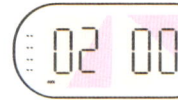

It is three o'clock.
現在 3 點。

What time is it?
現在幾點？

It is seven o'clock.
現在 7 點。

It is eight o'clock.
現在 8 點。

It is nine o'clock.
現在 9 點。

It is ten o'clock.
現在 10 點。

It is eleven o'clock.
現在 11 點。

It is twelve o'clock.
現在 12 點。

現在幾點？

請按照電子鐘的編號順序，聽聽看音檔裡說的是幾點鐘，將數字寫到電子鐘的鐘面上。請注意 1 到 9 點鐘的數字前面要加個零，寫成 01、02、03……等。

080

1. It is one o'clock.
   現在 1 點。   01:00

1. 01:00
2. :00
3. :00
4. :00
5. :00
6. :00
7. :00
8. :00
9. :00
10. :00
11. :00
12. :00

Unit 4 Please
請

Touch something black, please.
請去摸一樣黑色的東西。

Point to something blue, please.
請指向一樣藍色的東西。

Please look at something red.
請看著一樣紅色的東西。

Please look at the sofa.
請看著沙發。

Please run to something yellow.
請跑到一樣黃色的東西那裡去。

Please run to the door.
請跑到門那裡去。

Please come back to me.
請回到我這裡來。

家長、老師可以這樣做！

- please 的語意是「請」，能放在祈使句之前或之後，語氣會顯得較有禮貌。
- 可以利用這頁的句子和句型來玩遊戲，不只可以讓孩子練習顏色的英文單字，還能複習前面學過的單字，提升他們的觀察力，並能讓孩子熟悉「請」的英文 please 的用法。

顏色歌謠

Red, red
Touch you head.
紅色、紅色,摸摸你的頭。

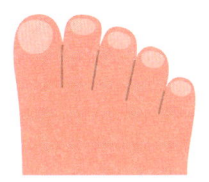

Yellow, yellow
Point to your toe.
黃色、黃色,指著你的一根腳趾頭。

Blue, blue
Look at the glue.
藍色、藍色,看著那瓶膠水。

Black, black
Please come back.
黑色、黑色,請回來。

家長、老師可以這樣做!
搭配音檔,一邊唸一邊做動作,便能快速加深孩子對顏色與動作的記憶。

數字簡單記

只要對數字 1 到 20 的英文足夠熟悉，那麼一直到 99 都可以輕鬆學會，未來只要一看到數字，就知道該怎麼唸。請依照箭頭方向，橫著照順序來唸英文數字，請特別注意每條線上數字的英文發音與拼字的相同與不同之處。

1	one	11	eleven		
2	two	12	twelve	20	twenty
3	three	13	thirteen	30	thirty
4	four	14	fourteen	40	forty
5	five	15	fifteen	50	fifty
6	six	16	sixteen	60	sixty
7	seven	17	seventeen	70	seventy
8	eight	18	eighteen	80	eighty
9	nine	19	nineteen	90	ninety
10	ten			100	one hundred

22	twenty-two	33	thirty-three
44	forty-four	45	forty-five
54	fifty-four	99	ninety-nine

家長、老師可以這樣做！

- 當孩子對 11-20 足夠熟悉後，請各位接著讓孩子多多練習「10 個一數」的 twenty、thirty... 等字，這樣以後才能夠一看到數字就知道怎麼唸。
- 請提醒孩子 20、30、...、90 的這幾個數字的第二音節都是「˙ㄊㄧ」。可以讓孩子先唸「踢腳的踢」，再將「踢」唸成輕聲。請務必隨時注意孩子在唸「有鼻音」的 13 到 19 和「沒鼻音」的 20 到 90 的尾音是否正確。
- 讓孩子熟練用 3 → 13 → 30 的這種箭頭順序來唸英文數字，以後要唸出像 37 這種數字的反應會比較快。

臭九九

在熟悉數字 1 到 99 的英文說法後，就可以跟孩子玩這個遊戲。請讓孩子多加練習，以便未來一看到數字，就能用英文唸出來。在孩子還不熟悉兩位數的加法以前，各位要先幫孩子加總牌面上的數字，告訴他數字的總和是多少。

● 遊戲方法

1. 洗完牌後，各發給玩家每人五張牌，接著將剩下的牌以背面朝上的方式整疊放在中間。
2. 第一個出牌的人要喊出自己牌面上數字的英文，出完牌後，從蓋著的那疊牌上翻一張牌到手中。請注意，每個人都要維持手中有五張牌的狀態，如果孩子忘記翻牌，請提醒他。
3. 第二個人出牌時，要喊出將自己牌面上的數字加上去之後的總和，之後的玩家在出牌時也要喊出疊加上去的數字總和。
4. 當玩家將自己牌面上的數字加上去之後，若總和超過 99，那麼這個玩家就輸了，這局結束。
5. 擁有特殊牌的玩家可以利用各種特殊牌來渡過難關，或陷害前一個人或後一個人，讓他爆掉輸牌。

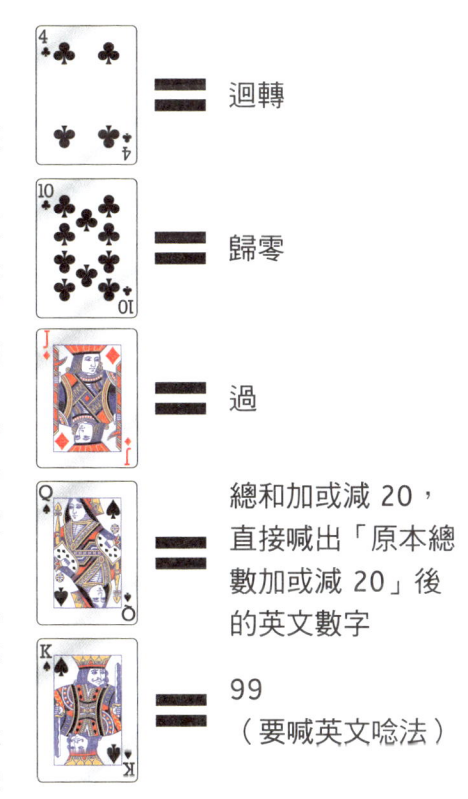

牌		作用
4 ♣	＝	迴轉
10 ♣	＝	歸零
J ♦	＝	過
Q ♠	＝	總和加或減 20，直接喊出「原本總數加或減 20」後的英文數字
K ♠	＝	99（要喊英文唸法）

家長、老師可以這樣做！

- 這個遊戲不只可以讓孩子熟悉數字的英文，在孩子學習兩位數加法時，也可以透過這個遊戲練習，一舉兩得。
- 剛開始玩時，年紀較小的孩子還不太會運用特殊牌來玩遊戲，各位可以幫忙看孩子的牌，教他如何出牌，這樣孩子就會越來越厲害。
- 這個遊戲越多人玩越好玩，可以邀請全家或孩子的朋友們一起玩。

Stage 2 造個句子試試看

請看著下方的 AB 對話，跟著音檔唸熟這些句子，接著請跟爸爸媽媽、老師或朋友輪流扮演 A 和 B，練習這段對話。

A: "What is this?"
「這是什麼？」

B: "Is it a toy car?"
「這是一輛玩具車嗎？」

A: "No, it isn't."
「不，不是。」

B: "Is it a toy bus?"
「這是一輛玩具公車嗎？」

A: "Yes, it is. It is a toy bus."
「對，它是。這是一輛玩具公車。」

家長、老師可以這樣做！

- 請提醒孩子，在簡答時必須將 be 動詞跟 not 縮寫在一起，is not = isn't、are not = aren't。
- 請特別注意 isn't 跟 aren't 的發音。

請一邊看著下面的問答句型範例，一邊跟著音檔自問自答來練習。

085

A: "What is this?"
　「這是什麼？」

B: "Is it a doll?"
　「這是一個洋娃娃嗎？」

A: "Yes, it is a doll."
　「對，它是一個洋娃娃。」

A: "What are these?"
　「這些是什麼？」

B: "Are they toy trains?"
　「它們是玩具火車嗎？」

A: "No, they aren't."
　「不，它們不是。」

B: "Are they toy boats?"
　「它們是玩具船嗎？」

A: "Yes, they are. They are toy boats."
　「對，它們是。它們是玩具船。」

家長、老師可以這樣做！

- 在孩子熟練這些句型之後，各位可以將要給孩子猜的東西放在一塊布下面，利用前面練習過的問答句型，跟孩子玩猜猜看這是什麼或這些是什麼的遊戲。
- 請各位提醒孩子注意，當主詞是 it，be 動詞用 is；當主詞是 they，be 動詞用 are 來造句。
- 使用 be 動詞的句子，在造疑問句時，請將 be 動詞移到主詞的前面。
- 在進行遊戲之前，請選定要複習的單字，並複習好單字的英文，且讓孩子先看到東西的實際形狀和大小長短等，這樣猜起來會比較有方向。
- 如果手邊沒有實際的東西，請製作單字圖卡，不過一次最多複習 6 個單字就好。

Stage 3 聽聽看、唸唸看、選選看

請一邊聽音檔裡的對話、一邊看著底下的 AB 對話內容，把正確的圖片圈起來。

A： Look! There is a yellow box on the table. It is not too big. I can see many things in it. Can you see them?

B： Yes. I see two pink toy boats, a blue toy car and a green toy bus. Oh! I also see a toy bike.

翻譯

A：你看！桌子上有一個黃色的箱子。它沒有很大。我可以看到裡面有很多東西。你看到它們了嗎？

B：看到了。我看到兩艘粉紅色的玩具船、一輛藍色的玩具車和一輛綠色的玩具公車。哦！我還看到一輛玩具腳踏車。

請一邊聽音檔、一邊閱讀底下的短文,將短文中的動作描述,按照動作的出現順序,在下方圖片旁的圓框裡寫上 1~5 的編號。

087

I like to go to the park with my grandfather. We do many things there. He plays ball with me. We ride bikes together. In the park, I can see many birds and insects. My grandfather likes to watch birds and I like to watch insects. We always have a good time in the park.

翻譯 我喜歡和爺爺一起去公園。我們在那裡做很多事。他和我一起打球。我們一起騎腳踏車。在公園裡,我可以看到許多鳥和昆蟲。我的爺爺喜歡看鳥,我喜歡看昆蟲。我們在公園裡總是玩得很開心。

寫在前面 在 Chapter 7 神奇的顏色變化 之前,
我有些話想和您說……

★ 本章主要單字
that、those、want、little

★ 本章補充單字
MRT、van、doll、color、white、orange、purple、green、pink、gray

請各位家長或老師們將主要單字做成字卡,並將補充單字加入單字書裡,搭配相對應的簡筆圖畫來讓孩子塗色,請經常翻閱,並用下面的主要句型多多進行口語造句練習。

★ 本章主要句型(有畫底線的單字,可用其他單字替換)
- What are those? They are <u>vans</u>.
- I want to color the <u>car green</u>.
- How do you make <u>green</u>?
- <u>Yellow</u> and <u>blue</u> make <u>green</u>.
- Color the <u>boat</u> <u>purple</u>.
- What color is the <u>bus</u>? It is <u>blue</u>.
- What can you see <u>in the box</u>? I can see <u>a pretty doll</u>.

在日常生活中,各位若遇到適合的情境,便可詢問孩子:What is this? / What is that? / What are these? / What are those?,讓孩子透過問答熟悉 this(這個)、that(那個)、these(這些)、those(那些)這四個指示代名詞。孩子會需要更多練習,才能記住「這」跟「那」在位置上的差別。

另一方面,因為 this(這個)、that(那個)、these(這些)、those(那些)這四個字的拼字方式太相似,所以各位必須多跟孩子玩會用到單字字卡的遊戲,例如大小寫單字字卡版的釣釣樂,讓孩子一邊唸出單字,一邊釣上對應的大寫或小寫字卡,幫助孩子更快熟悉單字。

本章的學習重點是要讓孩子認識各種顏色及顏色的變化,並清楚分辨 that / those 這兩個指示代名詞的差別(that 是單數、those 是複數),並知道它們應該分別與何種 be 動詞搭配使用。

140

Chapter 7

神奇的顏色變化

Stage 1 用短短句子記住單字！

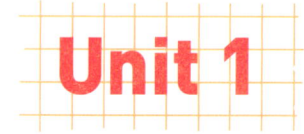

Unit 1 — Let's mix colors!
我們一起來調色吧！

Red and yellow make orange.
紅色加黃色變成橘色。

● + ● = ●

Red and blue make purple.
紅色加藍色變成紫色。

● + ● = ●

Yellow and blue make green.
黃色加藍色變成綠色。

● + ● = ●

Red and white make pink.
紅色加白色變成粉紅色。

● + ○ = ●

Black and white make gray.
黑色加白色變成灰色。

● + ○ = ●

調出喜歡的顏色吧！

和孩子一起動手調出各種顏色，透過實際調色來讓孩子了解顏色變化的神奇之處吧！

089

句型

I want to color the car green.
我想要把車塗成綠色的。

How do you make green?
你要怎麼調出綠色？

Yellow and blue make green.
黃色加藍色變成綠色。

● 準備調色

1. 準備 red / yellow / blue / white / black 等顏色的水彩、水彩筆跟調色盤。
2. 選出幾個孩子已經熟悉的英文單字，在網路上找到與這些單字相應的簡筆畫，如果在網路上找不到，各位也可以自己動手畫在紙上。

● 調色方法

1. 讓孩子看著一個單字的對應簡筆畫，先決定要把它塗上什麼顏色，再用上面的句型說出來。
2. 請各位利用上面的句型詢問孩子如何能調出他想要的顏色，讓孩子看著左頁列出的各種調色方法來回答，接著就可以實際著手進行調色。在調色過程中，各位可以提示孩子，告訴他「兩個顏色的比例不同，調出來的顏色就會不一樣」，讓孩子慢慢找出他最喜歡的顏色比例。
3. 調出喜歡的顏色後，就將簡筆畫塗上這個顏色。完成後便可換下一張圖，重複進行對話和調色。

顏色塗塗樂

請一邊仔細聽音檔、一邊看底下的句子,照著指示,把底下的圖塗上正確的顏色。

Color the boat purple.
將船塗上紫色。

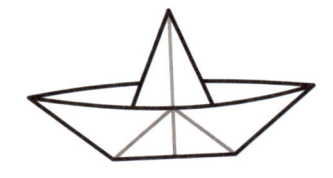

Color the bus pink.
將公車塗上粉紅色。

Color the MRT train blue.
將捷運列車塗上藍色。

Color the car black.
將汽車塗上黑色。

Color the bike white and purple.
將腳踏車塗上白色跟紫色。

Color the train orange and pink.
將火車塗上橘色跟粉紅色。

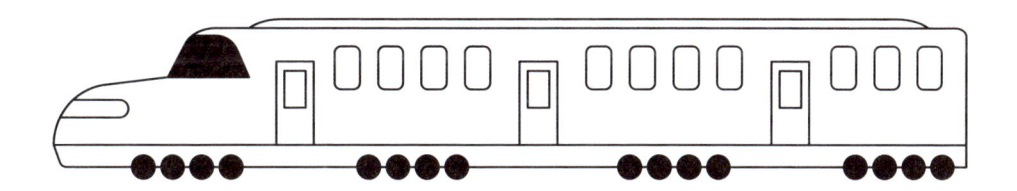

Color the ball blue, green and orange.
將球塗上藍色、綠色跟橘色。

Color the umbrella black, white and green.
將雨傘塗上黑色、白色跟綠色。

家長、老師可以這樣做！

讓孩子使用色鉛筆來塗色會比較能夠控制，較不會畫出線外，也不會透過去到下一頁。如果孩子年紀太小，還沒辦法好好握筆，也可以使用三角蠟筆。

Unit 2 What color is the bus?

這輛公車是什麼顏色?

What color is the bus?
這輛公車是什麼顏色?
It is pink.
它是粉紅色的。

What color is the boat?
這艘船是什麼顏色?
It is purple.
它是紫色的。

What color is the car?
這輛汽車是什麼顏色?
It is black.
它是黑色的。

What color is the bike?
這輛腳踏車是什麼顏色?
It is black and purple.
它是黑色和紫色的。

What color is the train?
這輛火車是什麼顏色?
It is orange and pink.
它是橘色跟粉紅色的。

家長、老師可以這樣做!

- 在進行 Unit 2 之前,可以先利用前兩頁「顏色塗塗樂」中的圖片來和孩子進行問答,順便讓孩子更熟悉這些交通工具的英文要怎麼說。
- 未來各位若在生活中看到孩子熟悉英文要怎麼說的事物,都可以直接詢問孩子該事物的顏色。這種互動方式,不僅能讓孩子有機會多複習單字,也能讓英文滲透到孩子的日常生活之中。

連連看

請找出問句中出現的東西是哪一張圖，接著看看它們各是什麼顏色，最後將問題和圖片跟正確答案連起來。要特別注意問句中出現的東西是只有一個還是有兩個以上喔！

092

1. What color is the train?
   這列火車是什麼顏色？

2. What color are the cars?
   這些汽車是什麼顏色？

3. What color is the bus?
   這輛巴士是什麼顏色？

4. What color is the MRT train?
   這班捷運列車是什麼顏色？

5. What color are the boats?
   這些船是什麼顏色？

6. What color are the bikes?
   這些腳踏車是什麼顏色？

They are black.
它們是黑色的

They are white.
它們是白色的。

They are orange.
它們是橘色的。

It is blue.
它是藍色的。

It is pink.
它是粉紅色的。

It is purple.
它是紫色的。

家長、老師可以這樣做！

這裡的問句句型，當事物是單數時，be 動詞用 is、答案要用 it 來代稱該事物的名稱；如果是超過一個的複數時，be 動詞用 are、答案則必須用 they 來代替。請各位一定要提醒孩子特別注意這一點。

147

Unit 3 What can you see?
你看到什麼？

What can you see on the table?
你在桌上看到什麼？

I can see a big box and a little box.
我看到一個大箱子和一個小箱子。

What can you see in the big box?
你在那個大箱子裡看到什麼？

I can see a pretty doll.
我看到一個漂亮的洋娃娃。

What can you see in the little box?
你在那個小箱子裡看到什麼？

I can see a very small toy car.
我看到一輛非常小的玩具車。

你看到什麼？

句型範例

What can you see?
你看到什麼？

I can see a box.
我看到一個箱子。

- ### 製作單字閃示卡

在 A4 紙上，畫上孩子已經很熟悉的單字的對應圖片跟英文拼字，做成閃示卡，就像下圖所示。

| a box | a car | a dog | a book | a fish |

- ### 遊戲方法

1. 將單字閃示卡快速地在孩子眼前閃過，然後立刻問「What can you see?」。
2. 孩子如果看不清楚、無法回答，就再換下一張圖卡。
3. 這次可以把閃過的速度放慢一點，當孩子正確回答出來時，就可以在井字圖上打上代表他自己的 O 或 X。
4. 接著輪到孩子拿閃示卡，家長或老師來回答問題，直到 O 或 X 連成一排，井字遊戲便結束。

家長、老師可以這樣做！

- 根據孩子的年齡與當下遊戲進行的情況，各位必須調整閃示卡閃過孩子眼前的速度，有時快、有時慢，這樣可以引起孩子的興趣並建立自信。
- 進行遊戲所使用的單字，一定要使用孩子非常熟悉的單字。
- 在進行遊戲時，如果孩子答錯，可以用慢一點的速度，再將同一張閃示卡秀給他看一下，如果還是說錯，可以給他兩個選項，讓他挑出正確的答案。（遊戲的重點在於複習單字、練習新句型，跟玩遊戲帶來的快樂心情）
- 當輪到各位回答時，請不要表現得太厲害，有時裝沒看清楚、有時要故意猜錯，這樣孩子才不會不想玩。畢竟，誰想跟實力差距過大的人玩遊戲呢？

Unit 4

What is that?
What are those?
那是什麼？那些是什麼？

"What is that?"
「那是什麼？」

"It is an MRT car."
「它是一節捷運車廂。」

"What are those?"
「那些是什麼？」

"They are vans."
「它們是廂型車。」

家長、老師可以這樣做！

- that 是「那個」，用來代稱「距離自己較遠的一個人、事、物」，而 those 是「那些」，用來代稱「距離自己較遠、超過一個的人、事、物」。
- 在回答「What is that?」這個問題時，不要用 that，只要用 it 來代稱就可以了。請特別注意，be 動詞要用 is。
- 在回答「What are those?」的問題時，不要用 those，而要用 they 來代稱。一定要注意，這裡的 be 動詞必須使用 are。

連連看

請仔細看左邊框框裡的文字描述，再將右側與描述內容相符的圖片連起來。

1. **What is that?**
   那是什麼？
   It is an MRT train.
   它是一列捷運列車。

2. **What are those?**
   那些是什麼？
   They are vans.
   它們是廂型車。

3. **What is that?**
   那是什麼？
   It is a bus.
   它是一輛公車。

4. **What are those?**
   那些是什麼？
   They are bikes.
   它們是腳踏車。

Stage 2 唸熟句子來造句

先看著下面的句子，一邊聽音檔、一邊開口跟著唸到熟練為止，接著請把句中說到的事物及顏色畫在下面的圖紙上。

Draw an apple.
畫一顆蘋果。

Color the apple green.
將這顆蘋果塗成綠色。

Now you have a green apple.
現在你有一顆綠色的蘋果了。

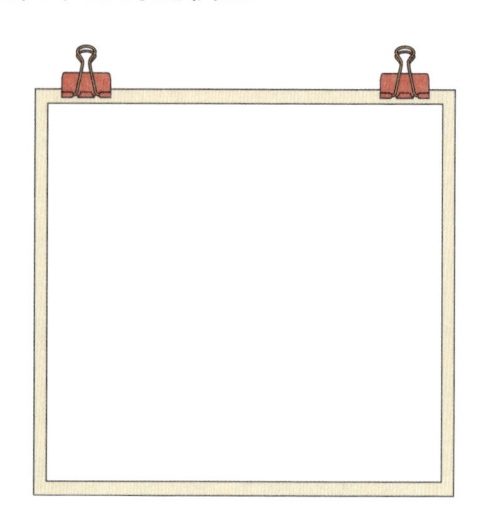

Draw a boat.
畫一艘船。

Color the boat orange.
將這艘船塗成橘色。

Now you have an orange boat.
現在你有一艘橘色的船了。

家長、老師可以這樣做！

- 各位可以跟孩子利用上面這些句子，互相要求對方按照句子內容來畫畫跟著色。這個遊戲可以讓孩子對顏色及事物的英文更加熟悉。
- 如果孩子已經很熟悉英文字母，也會寫字了，那就可以請孩子看著單字，在他畫出來的事物圖旁寫下 a green apple、an orange boat 等事物的英文描述。

請孩子看著下面的問答句型範例，先一邊聽音檔、一邊試著自問自答。在熟練這些句型之後，就可以將句子裡畫有底線的單字換掉，造出屬於自己的問句或答句，用來和家長或老師進行問答。

097

1. What color is the train?
　　火車是什麼顏色？

It is black.
它是黑色的。

2. What time is it?
　　現在是幾點？

It is three o'clock.
現在是三點。

3. What can you see?
　　你看到什麼？

I can see a cat.
我看到一隻貓。

4. What are those?
　　那些是什麼？

They are pens.
它們是原子筆。

5. What is that?
　　那是什麼？

It is my pet insect.
牠是我的寵物昆蟲。

家長、老師可以這樣做！

- 這部分是整合本章內容的綜合問答練習，當孩子忘了要怎麼唸或要怎麼回答時，各位可以適時提供幫助。
- 各位平常可以多多利用本頁所列出的句型，讓孩子練習將畫底線處的單字換成其他單字，造出自己的句子。請多跟孩子做英文問答的練習。

Stage 3 聽聽看、唸唸看、填填看

請看著底下的短文,一邊聽音檔、一邊開口跟著唸。

Tell me. Tell me.
Please tell me!
What is this?   And what is that?

Tell me. Tell me.
Please tell me!
What are these?   And what are those?

Please! Please!
Please tell me!

翻譯

告訴我。告訴我。請告訴我!這是什麼?還有那是什麼?
告訴我。告訴我。請告訴我!這些是什麼?還有那些是什麼?
拜託!拜託!請告訴我!

請一邊聽音檔、一邊看下面的對話，依照事物出現在對話中的順序，在圓框內填入 1、2、3、4。

099

A: "Look! I see something on the bike. Can you see it, Mom?"

B: "Yes, I can."

A: "What is that?"

B: "It is a mouse."

A: "A mouse. Wow! Mom! There are many things on that van. What are those?"

B: "They are birds."

A: "Birds. Wow!"

翻譯

A：「看！我看到腳踏車上有東西。媽媽，妳看到了嗎？」
B：「是的，我看到了。」
A：「那是什麼？」
B：「那是一隻老鼠。」
A：「一隻老鼠。哇！媽媽！那輛廂型車上有很多東西。那些是什麼？」
B：「牠們是鳥。」
A：「鳥。哇！」

155

顏色點點名

請用下面這些顏色來形容放在旁邊的東西,就像範例的組合方式,一邊聽音檔、一邊開口大聲說出來,如果東西超過一個,別忘記字尾的 s 喔!

範例

red 紅色 + apples 蘋果 → red apples 紅蘋果

white 白色 + a dog 一隻狗 → a white dog 一隻白狗

1. red 紅色 apples 蘋果
2. orange 橘色 oranges 柳橙
3. green 綠色 balls 球
4. blue 藍色 a car 一台汽車
5. pink 粉紅色 a bird 一隻鳥
6. yellow 黃色 bananas 香蕉
7. purple 紫色 flowers 花
8. gray 灰色 elephants 大象
9&10. white 白色 a dog 一隻狗 / black 黑色 a cat 一隻貓

寫在前面 在 Chapter 8 快樂的每一天 之前，我有些話想和您說……

★ 本章主要單字
us、our、we、for、up、by、about、never、then、after、if、because、eat、get、brush、learn、do、does、help、clean、start、sleep、buy、wait、ask、say、thank、tell、find、ready、together、sometimes、night、home、school

請將本章介紹的動詞，加入孩子的動詞單字書裡。

★ 本章補充單字
breakfast、lunch、shower、dinner、scooter、teeth、face、friend、teacher、supermarket、bathroom、way、swing、story、shower、dishes

★ 本章主要句型（有畫底線的單字，可用其他單字替換。有些句子裡可以替換的字有 2 個，剛開始練習時，一次只替換一個就好）

- I get up at 7:00 in the morning. Then, I go to the bathroom. After that, I eat breakfast. At 7:40, my mother takes me to school.
- I always have a good time at school.
- My grandmother sometimes asks me, "Do you want to go to the park?"
- Thank you.
- I like to go to school because I can play with my friends.
- On our way home, my father always buys some candies for me.
- I read a story book before dinner.
- I sometimes play games with my father and mother.
- After dinner, I help my mother clean the table.
- At 8:45, I get ready for bed.

請特別注意，because 所帶領的句子，只是一個副詞子句（整個句子的功能就是一個副詞，用來補充說明主要子句動作或事件發生的原因），所以不能單獨存在，一定要跟表示結果的主要子句一起出現，才會構成可以打上句號的完整句子。

除此之外，請記得提醒孩子，動詞 do 如果遇到 I、you 以外的單數主詞，要在字尾加上 es，變成 does，go 也是加 es，但 does 唸 /dəz/，goes 則唸 /goz/，在發音上有很大的差別，請讓孩子唸熟，並記住這兩個字的不同。

本章的學習重點是要讓孩子熟悉「數字 1 到 100」及「幾點幾分」的說法，並學會「按照先後順序敘述事件」與清楚表達「事件之間的因果關係」。 各位在日常生活中可以讓孩子多加練習「幾點幾分」的時間表達說法，並讓孩子養成「按照先後順序來完整敘述事件」的習慣。

最後，本章使用「現在簡單式」表示句中所描述的動作是一個「現在的狀態或習慣」，也可以說是「常態」，而不是已發生的事或做過的動作。

Chapter 8

快樂的每一天

Stage 1 用短短句子記住單字！

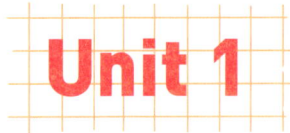

Unit 1　In the Morning
在早上的時候

I get up at 7:00 in the morning.
我在早上 7 點起床。

Then, I go to the bathroom.
然後，我去浴室。

I wash my face and brush my teeth there.
我在那裡洗臉和刷牙。

After that, I eat breakfast with my mother.
之後，我和媽媽一起吃早餐。

At about 7:30 a.m., my mother takes me to school by scooter.
在早上 7 點 30 分左右，媽媽騎摩托車送我去學校。

家長、老師可以這樣做！

- 「7:00」可以不用唸成 seven o'clock，只要唸作 seven 就可以了。
- 半夜 12 點到白天 11:59 都是 a.m.。
- 在敘述一連串發生的事情時，只要使用時間副詞 then 跟 after that，就可以點出事件發生的先後順序。
- 請提醒孩子，當主詞是單數，且不是 you 也不是 I 的時候，後面出現的動詞要加上字尾 s。練習時可以讓孩子把句子裡在動詞字尾加上的 s，用螢光筆標示出來，接著再讓他注意看看主詞是不是只有一個，而且不是 you、也不是 I。
  註：動詞字尾加上 s 的規則，可以參考前面 Chapter 2 中提及的「名詞＋s」的規則。

照順序排排看

先將句子看過一遍，再想想這些動作發生的先後順序，按照順序在句子前面的格子裡填入 1、2、3、4、5，接著再聽音檔，看看順序是不是和你寫的一樣。

☐ **Then, she makes breakfast.**
然後，她做早餐。

☐ **She goes to the bathroom.**
她去浴室。

☐ **My mother gets up at 6:00 in the morning.**
我媽媽在早上 6 點起床。

☐ **At 7:30 a.m., she takes me to school.**
在早上 7 點 30 分的時候，她送我去學校。

☐ **After that, she has breakfast with me.**
之後，她和我一起吃早餐。

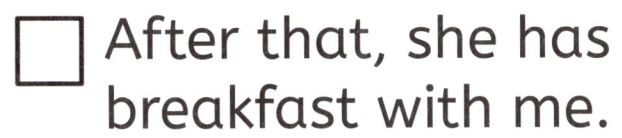

Unit 2 — At School
在學校

I like to go to school.
我喜歡上學。

I have many friends at school.
我在學校有很多朋友。

We learn to read and write together.
我們一起學讀書和寫字。

We play and sing together.
我們一起玩和唱歌。

We eat lunch together.
我們一起吃午餐。

Our teacher is kind to us.
我們的老師對我們很好。

I always have a good time at school.
我在學校總是過得很開心。

做些什麼呢？

先一邊聽音檔一邊跟著唸,再將你會在學校裡做的事情打勾,接著請看著下面的句子,按照句型自問自答說說看。

句型

What do you do at school?
你在學校會做什麼？

I learn to read at school.
我在學校學讀書認字。

104

☐ 1. eat breakfast
吃早餐

☐ 2. swim
游泳

☐ 3. sing
唱歌

☐ 4. play with friends
跟朋友玩

☐ 5. run
跑步

☐ 6. learn to write
學寫字

☐ 7. eat lunch
吃午餐

☐ 8. play with dolls
玩娃娃

☐ 9. watch TV
看電視

☐ 10. brush my teeth
刷牙

Unit 3　After School
放學後

After school, I wait for my mother at my grandmother's home.
放學後，我在奶奶家等媽媽。

My grandmother often asks me, "Do you want to go to the park?"
奶奶常問我：「你想去公園嗎？」

I never say no.
我從來不會說不想。

I like to go to the park because there are slides and swings.
我喜歡去公園，因為那裡有溜滑梯和鞦韆。

I like to play on them.
我喜歡玩溜滑梯和鞦韆。

I like to go to the park because there are many girls and boys.
我喜歡去公園，因為那裡有很多女孩和男孩。

I can play with them.
我可以和他們一起玩。

On our way home, I always say, "Thank you, Grandma."
在我們回家的路上，我總是會對奶奶說：「謝謝您，奶奶。」

連連看

下面先看左邊的句子，再接著看右邊用來表示「原因」的句子，將左右之間具有因果關係的句子用線連起來，並在 because 開頭的句子尾巴加上一個小點點（英文句子的句號）。最後再聽聽看音檔，確認和你想的一不一樣。

106

I like my teacher
我喜歡我的老師，

because she is kind to me_
因為她對我很好。

I like to go to school
我喜歡上學，

because I can play on the slide_
因為我可以玩溜滑梯。

I like to go to the park
我喜歡去公園，

because I can learn to read and write_
因為我可以學讀書寫字。

家長、老師可以這樣做！

- 本章的學習重點之一，是要告訴孩子：「發生的兩件事情之間，經常存在因果關係。」
- 請各位平日多跟孩子做這方面的對話，不拘中文或英文，這樣的練習可以提升孩子的思考能力，且能夠加強完整敘述發生事件跟自我表達的能力。
- 要求孩子在句尾打上句號，是想要向孩子強調：「because 帶領的句子不能單獨存在，所以只有在和沒有 because 的句子連起來、變成完整的句子時，才能夠打上句號」。在寫作時，英文的標點符號非常重要，務必要讓孩子從一開始就養成注意標點符號的習慣。

Unit 4　Before Dinner
在晚餐前

My father sometimes goes to the supermarket before dinner.
我爸爸有時會在晚餐前去超市。

He often takes me with him.
他常常帶我一起去。

We buy milk, fruit and vegetables.
我們會買牛奶、水果和蔬菜。

If I want something, I tell my father.
如果我想要什麼,我就會告訴爸爸。

He always buys the thing for me.
他總是會買那個東西給我。

I like to go shopping with my father.
我喜歡和爸爸一起去買東西。

連連看

先閱讀句子，想想這幾個動作發生的先後順序，將編號 1~5 依照順序寫在句子前面的方格之中。再看看要在哪個句子之前加上 then 或要加上 after that，把它們和句子連起來，再聽錄音，看看跟你連的一不一樣。

108

☐ **My father gets up at about 6:00 a.m.**
我父親大約在早上 6 點起床。

Then
然後

☐ **He eats breakfast with us.**
他和我們一起吃早餐。

After that
之後

☐ **He goes to the bathroom.**
他去了浴室。

☐ **He brushes his teeth and takes a shower.**
他刷牙和洗澡。

☐ **At 7:30 a.m., he takes me to school by car.**
在早上 7 點 30 分時，他開車送我去學校。

家長、老師可以這樣做！

請各位特別提醒孩子，除了 I 跟人名、地名等名稱，只有句子開頭的第一個字需要大寫，這是英文句子的基本原則。當孩子將 Then 跟 After that 連到對應的句子時，請記得要引導孩子將原本句子開頭的大寫改成小寫。

Unit 5　At Night
在晚上的時候

We eat dinner at about 7:30 p.m.
我們在晚上 7 點 30 分左右吃晚餐。

I help clean the table and do the dishes after dinner.
我在晚餐後幫忙擦桌子和洗碗。

Then, I start to read story books.
然後，我開始看故事書。

Sometimes my mother and father play games with me.
有時媽媽和爸爸會和我一起玩遊戲。

At 8:45 p.m., I take a shower and get ready for bed.
在晚上 8 點 45 分的時候，我去洗澡準備睡覺。

"Good night, Mom," I say to my mother.
我對媽媽說：「晚安，媽媽。」

家長、老師可以這樣做！

請注意，從正中午 12 點開始，一直到半夜的 11 點 59 分都會用 p.m.。

連連看

110

請先仔細看過下面的句子，想想自己是在晚餐之前還是之後會做這些動作。如果是在晚餐之前，就在句子後面的空格裡寫上 1，並把中文翻譯裡的「前」圈出來；如果是在晚餐之後，就寫上 2 並把「後」圈起來。接著再聽音檔，聽聽看音檔裡的孩子是什麼時候做這些事情的、是不是跟你一樣。

1 before dinner
在晚餐之前

2 after dinner
在晚餐之後

I help clean the table _____.
我在晚餐之前／後幫忙擦桌子。

I go to the park to play on the slide _____.
我在晚餐之前／後去公園玩溜滑梯。

My mother takes me home _____.
我媽媽在晚餐之前／後帶我回家。

I watch TV _____.
我在晚餐之前／後看電視。

I get ready for bed _____.
我在晚餐之前／後準備睡覺。

I take a shower _____.
我在晚餐之前／後洗澡。

家長、老師可以這樣做！

- 孩子很容易會混淆 before（在～之前）跟 after（在～之後）的觀念。這個練習是想藉由「在晚餐之前」跟「在晚餐之後」這兩個片語，讓孩子能學會清楚分辨 before 跟 after。
- 如果各位的孩子已經有能力動筆寫英文的話，可以請他在空格中，直接填入 before dinner 或 after dinner。

169

Stage 2 唸熟句子來造句

下面的這個表格，是音檔主人翁在早上的作息表。請先仔細聆聽音檔，對照表格上寫的事件和時間，一邊跟著音檔開口唸。接著再看著下面的句子大聲唸出來。

get up	eat breakfast	go to school	eat lunch
before 6:30 a.m.	7:00 a.m.	7:30 a.m.	after 12:00 p.m.

What time do you get up?
你什麼時候起床？
I get up before 6:30 a.m.
我早上 6 點 30 分之前起床。

What time do you eat breakfast?
你什麼時候吃早餐？
I eat breakfast at 7:00 a.m.
我早上 7 點的時候吃早餐。

What time do you go to school?
你什麼時候去學校？
I go to school at 7:30 a.m.
我早上 7 點 30 分去學校。

What time do you eat lunch?
你什麼時候吃午餐？
I eat lunch after 12:00 p.m.
我中午 12 點之後吃午餐。

請讓孩子將他的作息時間填入底下的表格之中，做成「作息表」，並運用下列句型，與孩子互相進行問答的練習。

句型

What time do you _____?
你什麼時候_____？

I _____ at ___:___ a.m.
我在早上___點___分_____。

What time do you _____?
你在什麼時候_____？

I _____ at ___:___ p.m.
我在晚上___點___分_____。

get up	eat breakfast	go to school	eat lunch
eat dinner	watch TV	take a shower	get ready for bed

家長、老師可以這樣做！

- 替孩子多做幾張作息表，讓孩子拿著作息表去訪問其他家人或朋友，再將時間填入表格之中。
- at night 的語意是「在晚上的時候」，不過，它通常不會和明確的時間（如 7:30、6:45 等等）一起出現在同一個句子之中，當要清楚描述「在晚上幾點幾分做什麼事」時，還是使用 8:00 p.m. 這種表達方式比較好。
- 當「幾點幾分」的後面出現 a.m.，就不要用 in the morning，如果已經出現 in the morning，就不要再用 a.m.。

171

Stage 3 聽聽看、唸唸看、填填看

請一邊看著下面的短文，仔細聆聽音檔並跟著開口多唸幾次。

1 Mary gets up at 6:30 in the morning. She goes to the bathroom to wash her face and brush her teeth. Then, she eats breakfast. After that, she says "goodbye" to her mother. Her father takes her to school by car.

2 Mary likes to go to school because she has many friends. She likes her teacher, too. She always has a good time at school.

3 After school, Mary's mother comes and takes her home. Then, she reads story books and her mother makes dinner. At 7:00 p.m., her father comes back. They have dinner together. After dinner, her father does the dishes and Mary helps clean the table. After that, they watch TV together.

4 At 9:00 p.m., Mary takes a shower and gets ready for bed. She is happy every day.

翻譯

1. Mary 在早上 6 點 30 分起床。她去浴室洗臉和刷牙。然後吃早餐。之後，她跟媽媽說「再見」。她的爸爸開車送她去學校。
2. Mary 喜歡上學，因為她有很多朋友。她也喜歡她的老師。她在學校總是過得很開心。
3. 放學後，Mary 的媽媽來接她回家。然後，她會看故事書，而她媽媽做晚餐。在晚上 7 點的時候，她的爸爸回來了。他們一起吃晚餐。在晚餐之後，她的爸爸洗碗，Mary 幫忙擦桌子。之後，他們一起看電視。
4. 在晚上 9 點的時候，Mary 洗澡準備睡覺。她每天都很開心。

請仔細觀察下面的圖片，判斷這些圖片的內容出現在左頁短文的 1、2、3、4 段中的哪一個段落，並在圖片左邊的圓框中填入段落編號。

家長、老師可以這樣做！

- 在 Stage 3 這裡的文章是 Unit 1 到 Unit 5 所收錄單字和句型的總複習。這段文章的長度之所以特別長，是因為想要讓孩子習慣閱讀長的文章。如果孩子覺得有些吃力，請各位再帶著孩子一起將 Chapter 8 中所有的 Unit 多複習幾次。
- 也可以將這篇文章分成單句，一句一句抄在紙條上，讓孩子唸熟之後，就可以跟孩子玩抽紙條做紙上句子動作的遊戲，或者也可以利用這些紙條來玩比手畫腳猜猜看的遊戲。等到孩子對這篇文章的內容非常熟悉之後，再回來做 Stage 3 的練習。
- 當主詞是單數，而且不是 I 或 you 時，後面出現的動詞要加上字尾 s。練習時可以讓孩子把動詞字尾加上的 s 用螢光筆標示出來。請各位提醒孩子必須特別注意，does、goes、brushes、washes 要標示的字尾是 es。
- 現在簡單式敘述的是「現在的習慣、常態或自然現象」，這個觀念很重要。

寫在前面

在 Chapter 9 正在做的事 之前，我有些話想和您說……

★ 本章主要單字
their、its、everyone、stand、put、cry、carry、hurt、think、know、cook、sit、look for、under、of、behind、outside、sad、angry、maybe、down、away、here、there

★ 本章補充單字
people、picture、kite、sand、sandbox、monkey bars、playground、kitchen、bedroom、living room、nearby

　　請各位將這些單字加入單字書之中，搭配相對應的簡筆畫來讓孩子塗色，並經常翻閱。請多多運用下面的主要句型來做口語造句練習。

★ 本章主要句型（有畫底線的單字，可用其他單字替換）
1. My sister and I are in the park now.
2. A boy with a white cap is standing under the monkey bars.
3. What are you doing here? I am looking for my doll.
4. What is she doing in the kitchen? She is cooking dinner there.
5. Is your sister watching TV in the living room?
   Yes, she is. / No, she isn't.
6. An old man is walking behind them.
7. A woman with black hair is walking after the old man.
8. She is carrying something in her hand.
9. "Why are you jumping up and down?"
   "Because I am happy."

　　本章主要介紹「現在進行式」，因為現在進行式的動詞結構是「be＋Ving（現在分詞）」，所以將一併說明動詞加上 ing 的規則。

現在進行式表示「現在這個時間點，某人正在做某事」，be 動詞必須隨著前方的主詞變化──I 要用 am；當主詞是單數，且不是 you（你）或 I（我）時，be 動詞要用 is；其他的主詞則用 are。在教孩子的時候，不需要解釋文法，而是要多用肢體動作的遊戲來讓他們體會進行式的語境。

　　請各位將本章新增的動詞加進孩子的動詞單字書之中，並跟孩子多多複習動詞加上 ing 的規則：

A. 單音節的動詞，不管母音前面出現幾個子音，後面若為「單獨的母音字母＋單一個子音字母（母子）」組成，必須重複子音字母再加上 ing，口訣是「一個母音一個子音，一個一個重複一個，再加 ing」。

B. 動詞組成是「單獨的母音字母＋單一個子音字母＋e（母子e）」，必須先去掉字尾 e 再加上 ing，口訣是「母子 e，去 e 再加 ing」。

C. 動詞字尾如果是 ie，則要將 ie 改寫成 y，再加上 ing。不過這個規則可以等孩子長大一點再學就好。

D. 其他動詞都是直接在字尾加上 ing。請特別注意，當 y 跟 w 被放在母音的後面，就會跟前面的母音結合，構成特殊母音，這時的 y 和 w 就不是子音了。

常見動詞的 ing 變化

以下是運用前面提及的 A、B、C、D 四項規則進行 ing 變化的動詞整理，各位可以透過以下整理，未來和孩子一起複習這些變化方式。其中規則 C 的應用單字，請等孩子年紀再大一點之後再學。

A. 一個母音一個子音，一個一個重複一個，再加 ing

1. run → running
2. get → getting
3. put → putting
4. let → letting
5. stop → stopping
6. sit → sitting
7. dig → digging
8. hit → hitting
9. win → winning

B. 母子 e，去 e 再加 ing

1. make → making
2. have → having
3. give → giving
4. write → writing
5. come → coming
6. use → using

C. 動詞字尾如果是 ie，則將 ie 改寫成 y，再加上 ing

1. die → dying
2. lie → lying
3. tie → tying

D. 直接在字尾加上 ing

（請特別注意，當 y 跟 w 被放在母音之後，就會跟前面的母音結合，構成特殊母音，這時的 y 和 w 不是子音）

1. see → seeing
2. look → looking
3. play → playing
4. key → keying
5. cook → cooking
6. fly → flying
7. know → knowing
8. draw → drawing
9. eat → eating
10. jump → jumping
11. lay → laying
12. pay → paying

Chapter 9

正在做的事

Stage 1 用短短句子記住單字！

Unit 1　We are playing now.
我們現在正在玩。

My brother and I are in the playground now.
我弟弟和我現在在兒童遊戲場裡。

We are playing with sand in the sandbox.
我們正在沙箱裡玩沙子。

Two boys are running nearby. 兩個男孩正在附近奔跑。

A boy and a girl are playing on the slide.
一個男孩和一個女孩正在玩溜滑梯。

A boy with a red cap is standing near the monkey bars. 一個戴著紅色鴨舌帽的男孩正站在單槓攀爬架附近。

A boy is flying a red kite. He looks happy.
一個男孩正在放一個紅色的風箏。他看起來很快樂。

I think everyone is having a good time.
我覺得每個人都玩得正開心。

動詞加上 ing 的規則與發音

這裡出現的都是單音節的動詞，因為兩個音節以上的動詞，會因為重音節不同而有差異。

1. 不管母音之前有多少個子音，若動詞的後段是由「單獨的母音字母＋單一個子音字母（母子）」所組成，則必須重複字尾子音字母再加上 ing，口訣是「一個母音一個子音，一個一個重複一個，再加 ing」。

   run → running　put → putting　stop → stopping
   get → getting　let → letting　sit → sitting

2. 不管母音之前有多少個子音，若動詞組成是「單獨的母音字母＋單一個子音字母＋e（母子e）」，必須先去掉字尾 e 再加上 ing，口訣是「母子 e，去 e 再加 ing」。

   make → making　give → giving
   have → having　write → writing

3. 其他動詞大都直接在字尾加上 ing。

   see → seeing　　fly → flying　　stand → standing
   look → looking　eat → eating　　cook → cooking
   jump → jumping　help → helping　sleep → sleeping

4. 當 y 跟 w 被放在母音的後面，就會跟前面的母音結合，構成特殊母音，這時的 y 和 w 就不是子音了。

   play → playing　know → knowing
   key → keying　　draw → drawing

家長、老師可以這樣做！

- 請各位提醒孩子，必須特別注意動詞加 ing 後的變化，並多讓孩子一邊聽音檔、一邊學習如何正確發音。
- 以後學到新的動詞時，請各位帶著孩子翻到這一頁，看看學到的新動詞要如何加上 ing 及如何正確發音。
- 動詞字尾如果是 ie，則要將 ie 改寫成 y，再加上 ing。不過這個規則可以等孩子長大一點再學就好。

Unit 2

Here and There
這裡跟那裡

Q: "What are you doing here?"
「妳在這裡做什麼？」

A: "I am looking for my doll."
「我正在找我的洋娃娃。」

Q: "Where is your mother?"
「妳媽媽在哪裡？」

A: "She is in the kitchen."
「她在廚房裡。」

Q: "What is she doing there?"
「她在那裡正在做什麼？」

A: "She is cooking dinner."
「她正在煮晚餐。」

Q: "Where is your brother?"
「你哥哥在哪裡？」

A: "He is in the bedroom."
「他在房間裡。」

Q: "What is he doing there?"
「他在那裡正在做什麼？」

A: "I don't know. Maybe he is sleeping."
「我不知道。也許他正在睡覺。」

圈圈看

請仔細看下面這些動詞，想想它們正確的 ing 變化形態是什麼，再將正確的變化形態圈起來。

say → sayying
　　→ saying

tell → teling
　　→ telling

buy → buyying
　　→ buying

walk → walking
　　→ waling

come → comeing
　　→ coming

go → gooing
　→ going

put → puting
　→ putting

use → useing
　→ using

read → readding
　　→ reading

show → showwing
　　→ showing

sing → sing
　　→ singing

ride → rideing
　　→ riding

run → runing
　　→ running

ask → askking
　　→ asking

家長、老師可以這樣做！

- 如果孩子在圈選的時候會遲疑，請各位翻回前一個 Unit，讓孩子再複習一下動詞加 ing 的變化規則，或者等孩子再大一點、更熟悉進行式的句子之後，再做這個練習。
- 各位家長及老師也可以用動詞加 ing 的口訣來提醒孩子變化規則。

181

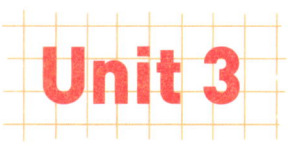

Unit 3 At home
在家裡

Q: "Is your father watching TV in the living room?"
「你爸爸正在客廳裡看電視嗎？」

A: "Yes. He is sitting on the sofa and watching TV."
「對。他正坐在沙發上看電視。」

Q: "Is your sister watching TV in the living room, too?"
「你姊姊也正在客廳裡看電視嗎？」

A: "No, she isn't. She is not in the living room."
「沒有，她不在。她不在客廳裡。」
"She is taking a bath in the bathroom."
「她正在浴室裡洗澡。」

Q: "Are you in your bedroom?"
「你在房間裡嗎？」

A: "Yes. I am putting away my toys in my bedroom."
「對。我正在我的房間裡收拾玩具。」

填填看

請先看看下面圖片中編號 1、2、3、4 的各個房間的英文是什麼,接著請一邊聽音檔、一邊對照句意,將正確的房間編號填入句子的空格之中。

119

My mother is cooking in the ____.
我媽媽正在 ____ 煮飯。

I am sitting on the sofa in the ____.
我正坐在 ____ 的沙發上。

My father is taking a shower in the ____.
我爸爸正在 ____ 洗澡。

My sister is reading in the ____.
我姊姊正在 ____ 看書。

1. the bathroom
   浴室

2. the kitchen
   廚房

3. the living room
   客廳

4. the bedroom
   房間

家長、老師可以這樣做!

各位在生活中可以多用「Where are you?」、「What are you doing?」這些問句來跟孩子對話,讓孩子對各種房間的名稱及進行式動作的說法更加熟悉。

183

Unit 4 People in the Park
公園裡的人們

Look at the picture of a park.
看看這張公園的圖片。

There are four people in the picture.
圖片中有四個人。

A girl and a boy are riding bikes.
一個女孩和一個男孩正在騎自行車。

An old man is walking behind them.
一個老人正在他們後面走著。

A woman with brown hair is walking after the old man.
一個棕髮女子正走在這個老人後面。

She is carrying many things.
她拿著很多東西。

家長、老師可以這樣做！

people 是個特殊的字，本身就是指「超過一個的人」，所以字尾不需要再加 s 來表示複數。

填填看

請先邊聽音檔邊閱讀下方句子。聽完後，再仔細看一遍句子並觀察下方各張圖片，接著在圓框裡填入對應圖片內容的句子編號。

1. A woman is singing.
   一個女人正在唱歌。
2. A man is carrying a box.
   一個男人正在搬一個箱子。
3. A girl is sitting on a chair.
   一個女孩在椅子上坐著。
4. A boy is waiting for a bus.
   一個男孩正在等公車。
5. A boy is playing on the slide.
   一個男孩正在玩溜滑梯。
6. A girl is jumping up and down.
   一個女孩正在上下跳著。

家長、老師可以這樣做！

- 在左頁的句子中，behind 跟 after 都可以表示「在～之後」，behind 著重於「位置」在後方，而 after 則將重點放在「時間」或「次序」上。
- carry 這個字的意思是「攜帶東西」，在翻譯時會隨著使用的部位不同，而有不同的翻譯方式，用「手」可以翻成「提」或「搬」、用「肩膀」會翻成「扛」、用「頭」會翻成「頂」，用「背部」的話，則會翻譯成「背」。如果用的是「車輛」，就會翻成「載」。
- 第 5 句中使用 the slide，是假設在公園之中只有一個 slide。

185

Unit 5

Why?
為什麼？

"Why are you crying?"
「你為什麼在哭啊？」

"Because I can't find my toy."
「因為我找不到我的玩具。」

"Why are you jumping up and down?"
「你為什麼在上下跳呢？」

"Because I am happy."
「因為我很快樂。」

"Why are you standing outside the door?"
「你為什麼站在門外面？」

"Because I am waiting for my mother."
「因為我正在等我媽媽。」

"Why are the girls so sad?"
「為什麼這些女孩這麼難過？」

"Because they can't find their way home."
「因為她們找不到路回家。」

"Why is the dog so angry at you?"
「為什麼這隻狗這麼氣你？」

"Because I hurt its leg."
「因為我弄傷牠的腿。」

連連看

請先閱讀左側「表示結果」的句子,再閱讀右邊「表示原因」的句子,並將左右兩側成立因果關係的兩個句子用線連起來,並且在右側由 because 開頭的句子的最後,加上一個小黑點(句號)。完成連線後聽音檔,確認答案和你想的一不一樣,如果不一樣,請想想看為什麼會不一樣。

I am happy
我很快樂,

because I am sad_
因為我很難過。

My mother is angry at me
我媽媽很氣我,

because I am playing with my friends_
因為我正在跟朋友玩。

I am crying
我正在哭,

because I don't want to eat vegetables_
因為我不想要吃蔬菜。

家長、老師可以這樣做!

- 這裡的複習重點是「分辨正確的因果關係」。
- 左頁的句子是以對話的方式呈現,之所以 because 所帶領的副詞子句可以單獨存在,是因為一般在說話時就經常會使用不完整的句子。不過,如果是在文章中非對話的部分,because 所帶領、用來表達原因的句子,就不能單獨成為一句,而是可以跟在主要子句(表示結果的句子)之後或之前。這一點是連母語人士都有可能會犯的錯誤喔!

桌遊：動詞變化 ing

START	eat pizza →	cook dinner →	do the dishes →	倒退兩步
write →	倒退四步 →		sing	sit
fly a kite	👏		sleep	wash my face
look for my book	暫停一次		drink juice	brush my teeth
show	ride a bike		swim	前進三步
前進兩步	go to school ←		walk	take me to school
read a book ←	draw an insect ←		jump up and down ←	brush my teeth

188

● 遊戲介紹

遊戲重點在於讓孩子練習「動詞加上 ing 的規則」：

A. 動詞後段是由「單獨的母音字母＋單一個子音字母（母子）」組成的話，必須重複子音字母再加上 ing，口訣是「一個母音一個子音，一個一個重複一個，再加 ing」。
B. 動詞的後段是「單獨的母音字母＋單一個子音字母＋e（母子e）」，必須先去掉字尾 e 再加上 ing，口訣是「母子 e，去 e 再加 ing」。
C. 字尾是 ie 的單音節動詞，如 tie、die，會變化成 tying 和 dying。
D. 其他動詞大都是直接在字尾加上 ing。請特別注意，當 y 跟 w 被放在母音的後面，就會跟前面的母音結合，構成特殊母音，這時的 y 和 w 就不是子音了。

● 準備材料

1. 將想要練習的動詞或詞組做成單字字卡，再將字卡如左頁擺放；或也可以自由以各種排列變化來擺放
2. 骰子一顆
3. 幾個玩家就準備幾個棋子

● 遊戲方法

1. 將棋子放在 START（開始）格中，玩家 A 擲出骰子，走到對應的格子後，就看著格子裡的詞組，利用上方「動詞加上 ing」的 A、B、C 規則，將格子中的動詞加上 ing 之後再唸出來。（各位要記得提醒孩子詞組中的第一個字是動詞，因為字卡會上有很多「動詞加上受詞或副詞」的詞組）
2. 在玩家 A 唸完後，玩家 B 緊接著問「What are you doing?」。
3. 玩家 A 要看著格子中的英文詞組來回答，例如 I am eating pizza.，並且做出對應句子內容的動作（假裝做就可以，不需要實際的東西）。
4. 接著換玩家 B 擲骰子，重複步驟 1 到 3，以此類推繼續進行遊戲。
5. 第一個到達終點的玩家獲勝。

Stage 2 造個句子試試看

請先一邊仔細聆聽音檔、一邊看句子旁的圖片,試著理解音檔的意思。接著再邊聽音檔、邊看句子,跟著大聲唸出來。

It is about 7:00 in the morning. I am eating breakfast now.
現在是早上 7 點左右。我正在吃早餐。

It is about 7:20 a.m., and my mother is taking me to school by scooter.
現在是早上 7 點 20 分左右,我媽媽要騎摩托車送我去學校。

It is 5:25 p.m. My sister and I are helping our mother cook dinner now.
現在下午 5 點 25 分。姊姊和我正在幫忙媽媽做晚餐。

It is 8:00 p.m. We are playing a game now.
現在是晚上 8 點。我們現在正在玩遊戲。

It is 8:45 p.m., and I am going to bed now.
現在是晚上 8 點 45 分,我要去睡覺了。

請先閱讀下方的句子，看看句子描述的是哪張圖片，並將句子編號填進圓框之中。接著猜猜看這件事是在早上還是晚上發生的，將句子編號寫到最上面的分類表格之中。

125

句子編號	in the morning 在早上的時候	at night 在晚上的時候

1 It is 6:45. Our dog is sleeping.
現在是 6 點 45 分。我們的狗正在睡覺。

2 It is 9:15. My father is doing the dishes now.
現在是 9 點 15 分。我的爸爸正在洗碗。

3 It is 6:40. I am brushing my teeth now.
現在是 6 點 40 分。我正在刷牙。

4 It is 7:30. We are eating dinner now.
現在是 7 點 30 分。我們正在吃晚餐。

家長、老師可以這樣做！

- 通常 at night 的前面不會出現明確的時間，如果要表示「晚上幾點」，會在時間之後加上 p.m.，如 8:25 p.m.。
- 一天的時間若以 12 小時制來看，會分成兩個部分，半夜 12 點到中午的 11:59 都用 a.m. 表示，正中午 12 點到午夜的 11:59 則是以 p.m. 標示。不過，因為孩子現在還太小，所以我們只要先介紹「在早上的時候」跟「在晚上的時候」這兩個概念就好。句中若出現 a.m.，則不要再加 in the morning。
- 請注意，當 a.m. 跟 p.m. 在句尾時，就不用再打句號了。

Stage 3 聽聽看、唸唸看、圈圈看

請一邊聽音檔裡的對話,一邊看著句子跟著大聲唸出來,在熟悉對話內容以後,就可以開始玩比手畫腳的遊戲。

A: "What are you eating?"
「你在吃什麼?」

B: "Guess."
「猜猜看。」

A: "Are you eating pizza?"
「你在吃披薩嗎?」

B: "No, I'm not."
「不是,我不是。」

A: "Are you eating a hamburger?"
「你在吃漢堡嗎?」

B: "Yes, I am."
「對,我在吃漢堡。」

家長、老師可以這樣做!

- guess 這個字的發音比較特殊,當字母 gu 後面加上母音字母時,u 是沒有用的花瓶,不會發出聲音,g 只會和後面的母音字母一起發音。有很多人看到這個字都不知道該怎麼唸,或是會唸,卻常拼錯。各位可以提醒孩子 guess 裡有個沒用的花瓶 u(不發音的 u)。
- 在目前這個學習階段,不要要求孩子背單字,只要讓他們把單字看熟,熟悉到一眼看過去,就能知道那個單字是什麼意思的程度。
- 簡答時不能用「I am not.」,一定要使用縮寫「I'm not.」。

請仔細聆聽音檔並閱讀下方的兩段短文，依照文章描述，圈選出正確的圖片。

127

1. It is 9:00 in the morning. My brother and I are cleaning the windows now. We are happy we can help our mother.

2. There are five people in the park. A woman is jumping up and down, and I think she is happy. Two people are running together. They are very tall. A woman in a purple shirt is standing nearby. I think she is waiting for her friend. A woman in blue is walking to her. Maybe she is her friend.

翻譯

1. 現在是早上 9 點。我弟弟和我現在正在擦窗戶。我們很高興能幫上媽媽的忙。
2. 公園裡有五個人。一個女人正在上下跳著，我覺得她很快樂。兩個人正在一起跑步。他們非常高。一個穿著紫色上衣的女人在旁邊站著。我覺得她正在等她的朋友。一個穿藍色的女人正朝著她走過去。也許她是她的朋友。

寫在前面

在 Chapter 10 未來時光 之前，我有些話想和您說……

★ 本章主要單字
will、call、talk、bring、hope、rain、so、off、out、sick、hot、cold、cool、new、first、very much、soon、later、today、tomorrow

★ 本章補充單字
other、fine、sunny、rainy、weather、doctor、fever、a runny nose、animal、monkey、penguin、panda、house、smart phone、Sunday

請各位將這些單字加入單字書之中，搭配相對應的簡筆畫來讓孩子塗色，並經常翻閱。請多多運用下面的主要句型來做口語造句練習。

請特別注意，在跟家人對話時，通常只要用 Dad（爸爸）、Mom（媽媽）、Grandpa（爺爺）、Grandma（奶奶）等稱呼來說就可以了。另外，在文章對話中，請注意這些稱呼的第一個字母都要大寫。

★ 本章主要句型（有畫底線的單字，可用其他單字替換）

1. We will eat out tomorrow.
2. My father will come later.
3. I want to give her a gift.
4. I can't wait to see them.
5. I think she will be happy.
6. I hope they will call me soon.
7. I will ask my mother to buy me some ice cream.
8. It is rainy / sunny.
9. It is hot / cold.
10. I will not go to the park if it is hot.
11. I am not feeling well, so my mother will take me to the doctor.

本章學習重點是「未來簡單式」，動詞結構是「will＋原形動詞」，用來表達「未發生的動作」或「想要做的事」。will 不會隨主詞發生變化。

★ 三大「時態」的使用重點

孩子如果大一點，要教孩子時態時，每次都要先說明不同時態的使用時機，說明如下：

1. 當事件還沒有發生或要在未來才會發生，就用「未來簡單式」。
2. 當事件現在正在發生或正在做某種動作，就用「現在進行式」。
3. 當事件是現在的習慣、自然現象或常態，就用「現在簡單式」。

Chapter 10

未來時光

Stage 1 用短短句子記住單字！

Unit 1 We will eat out.
我們會出去吃飯。

I am at my grandmother's home now.
我現在奶奶的家。

My father and mother will come later.
我的爸媽晚一點會過來。

We will eat out together. 我們會一起出去吃飯。

Then, we will go to the supermarket to buy some milk, fruit and other things.
然後，我們會去超市買一些牛奶、水果和其他的東西。

I think I will ask my mother to buy me some ice cream because it is hot today.
我想我會請媽媽給我買一些冰淇淋，因為今天很熱。

After that, we will bring all the things home. 之後，我們會把所有的東西都帶回家。

I can't wait to see my father and mother.
我等不及想見到我爸媽了。

家長、老師可以這樣做！

- 本章主要是要向孩子介紹「未來簡單式」，不管主詞是單數還是複數，動詞結構都是「will＋原形動詞」。
- 只要是「現在還沒發生的事」或「以後才會做的動作」，都用未來簡單式。
- later 的意思是「稍後」，不過一般比較口語會翻成「等一下」或「晚一點」。另外，later 也可以用在過去式裡，但在目前這個階段，請先不要向孩子介紹過去式。

填填看

請仔細閱讀底下的句子，看著句子裡的動詞結構，如果是「be 動詞＋Ving」，就在空格裡寫上 now，如果是「will＋原形動詞」，就填入 later。

now
現在

later
稍後

I will put away my toys _____.
我等一下會收拾我的玩具。

I am playing on the slide _____.
我正在玩溜滑梯。

My mother and grandmother are sitting on the sofa _____.
我的母親和奶奶正在沙發上坐著。

My father will take me to school _____.
我爸爸等一下會送我去學校。

My brother will play with me _____.
我哥哥晚一點會跟我一起玩。

Unit 2 Today
今天

It is rainy and cold today.
今天是下雨又很冷的天氣。

I am not feeling well.
我覺得身體不太舒服。

I have a fever and a runny nose.
我發燒又流鼻水。

I think I am sick.
我想我生病了。

My mother is calling the teacher to ask for a day off for me.
我媽媽正在打電話給老師替我請假。

Then, she will take me to the doctor.
然後，她會帶我去看醫生。

I hope I will get well soon.
我希望我會很快好起來。

家長、老師可以這樣做！

- 當事件還沒有發生或要在未來才會發生，就用「未來簡單式」。
- 當事件現在正在發生或正在做某種動作，就用「現在進行式」。
- 當事件是現在的習慣、自然現象或常態，就用「現在簡單式」。

圈圈樂

請先仔細閱讀底下的句子,想想這些句子所描述的動作分別是「自然現象」、「習慣或常態」,還是「正在做的事」。如果是前者,請將現在簡單式的動詞圈起來;如果是後者,請將帶有「be 動詞＋Ving」的動詞詞組圈起來。接下來再聽音檔,確認音檔內容和你的答案一不一樣。如果不一樣,請想想看為什麼。

I like / am liking ice cream.
我喜歡冰淇淋。

I often go / am going to the park in the morning.
我早上常去公園玩。

My mother loves / is loving me.
我媽媽愛我。

I want / am wanting a toy car.
我想要一輛玩具車。

Pam sleeps / is sleeping now.
Pam 正在睡覺。

My grandmother sometimes takes / is taking me to school.
我奶奶有時候會帶我去上學。

My father knows / is knowing many things.
我爸爸懂很多東西。

I watch / am watching TV now.
我現在正在看電視。

家長、老師可以這樣做！

- 有些動詞表示的是「習慣」、現在的一種「需求或渴望」,又或是動作本身是靜態的,因此「沒有辦法正在做」,那麼這些動詞就不能使用進行式,如 see、hear、know、want、like、love、think（語意是「認為；覺得」時）等等。
- 如果在句子裡加上「頻率副詞」或「時間副詞」,那就不能使用進行式（除了 now 這種表示「現在、當下」的字詞之外）。

Unit 3 When?
什麼時候？

A: "When will I get well?"
「我什麼時候會好起來？」
B: "Soon."
「很快。」

A: "When will we go to the zoo?"
「我們什麼時候會去動物園？」
B: "Tomorrow."
「明天。」

A: "When will we go to Grandpa's home?"
「我們什麼時候會去爺爺家？」
B: "Next Sunday."
「下個星期天。」

A: "When will Dad come back?"
「爸爸什麼時候會回來？」
B: "Later."
「等一下。」

家長、老師可以這樣做！

- 在對話時，通常不會用完整的句子來回答。
- 這個 Unit 的學習重點在於向孩子介紹可以使用未來式的時間副詞。
- soon 翻成中文是「很快」，因此常會有人將 soon 和 quickly / fast 搞混，可以用「動作很迅速、很快，用 quickly / fast」和「時間過沒多久、很快，用 soon」來分辨。

填填看

請根據左頁的對話內容,將下面這四個時間副詞填入句子之中。

later
稍後／等一下／晚一點

next Sunday
下個星期天

tomorrow
明天

soon
很快

I will get well _____.
我很快就會好起來了。

We will go to the zoo _____.
我們明天會去動物園。

We will go to my grandfather's home _____.
我們下個星期天會去爺爺家。

My father will come back _____.
我爸爸等一下就會回來了。

Unit 4 Tomorrow
明天

My grandfather will take me and my sister to the zoo tomorrow.
明天爺爺會帶我和我妹妹去動物園。

I hope it will be sunny and cool.
我希望會是晴朗又涼爽的天氣。

My sister and I are talking about zoo animals now.
我妹妹和我現在正在討論動物園裡的動物。

We want to see the monkeys first, and then we will go to the Penguin House.
我們想先看猴子,然後我們會去企鵝館。

After that, we will go to see the pandas.
之後,我們會去看熊貓。

I think we will have a good time if the weather is fine.
如果天氣好的話,我想我們會玩得很開心。

連連看

請看看下面的句子,左邊是表示「如果」的條件子句,右邊則是描述「條件達成後的結果」(主要子句)。請將可成立關聯性的左右兩句連起來,並在右邊句子的最後加上英文句號(一個小黑點)。接下來請聽音檔,確認音檔內容和你的答案一不一樣。如果不一樣,請想想看為什麼。

If the weather is fine,
如果天氣很好的話,

we won't go to the park_
我們不會去公園。

If I am sick,
如果我生病的話,

we will go to the zoo_
我們會去動物園。

If it rains,
如果下雨的話,

my mother will take me to the doctor_
我媽媽會帶我去看醫生。

If it is very hot,
如果天氣非常熱的話,

I will bring an umbrella with me_
我會帶 把雨傘。

家長、老師可以這樣做!

- 這個「連連看」練習的學習重點在於向孩子介紹表達「如果~」的條件子句。
- 請各位多多跟孩子進行這類對話,中英文都可以,這種對話練習可以提升孩子的思考能力,並加強表達能力。
- 孩子選擇的答案可能會跟音檔內容不一樣,因為有些條件子句可以成立關聯性的主要句子可能有兩個,不過,這樣就會導致有的條件子句找不到適合的主要子句。請各位要向孩子解釋這一點。
- 「won't」是 will not 的縮寫,口語上多半會使用 won't。

Unit 5 Next Sunday
下個星期天

My family and I will go to our grandmother's home next Sunday because it is her birthday.
我和我的家人下個星期天會去奶奶家，因為那天是她的生日。

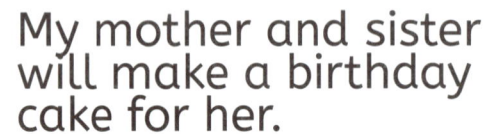

My mother and sister will make a birthday cake for her.
我媽媽和妹妹會做一個生日蛋糕給她。

My father will give her a new smart phone.
我父親會送她一支新的智慧型手機。

I want to give her a gift, too.
我也想要送她一個禮物。

I know she likes flowers very much, so I think I will buy some for her.
我知道她非常喜歡花，所以我想我會買一些給她。

I think she will be so happy when she opens the door and sees my gift.
當她打開門看到我的禮物時，我想她會非常開心。

連連看

請看看下面的句子，左邊是原因、右邊是結果，請將具有因果關係的左右兩句連起來，並在右邊句子的最後加上英文句號（一個小黑點）。請特別注意，because 跟 so 不能出現在同一個句子裡喔！接著再聽音檔，確認音檔內容和你的答案一不一樣。如果不一樣，請想想看為什麼。

I can't play outside
我不能去外面玩，

my mother will take me to the doctor later_
所以我媽媽等一下會帶我去看醫生。

Because I am not feeling well,
因為我身體不舒服，

so I don't want to go to the park_
所以我不想要去公園。

My mother is sick,
我媽媽生病了，

because it is raining_
因為今天下雨。

It is hot outside,
外面天氣很熱，

so she can't take me to school_
所以她沒辦法送我去學校。

家長、老師可以這樣做！

- 這個 Unit 想帶孩子複習的觀念是「兩個事件之間的因果關係。」
- 英文裡常見的用來表示因果關係的連接詞有兩個。一個是 because（因為），後面接表示「原因」的句子。另一個則是 so（所以），後面接表示「結果」的句子。請注意，雖然中文有「因為～，所以～。」，但在英文裡，如果一個句子裡只有兩個子句，那 because 跟 so 就不能同時出現，只能用其中一個。

205

Stage 2 造個句子試試看

請仔細聆聽音檔,一邊看著右頁的「人事時表格」,將人、動作或時間填入句子空格之中。

① A: "When will we go to the park?"
「我們什麼時候會去公園?」
B: "We will go there later."
「我們晚一點會去那裡。」

② A: "When will _____ come back?"
「爸爸什麼時候會回來?」
B: "He will come back _____."
「他晚餐後會回來。」

③ A: "When will Grandpa get well?"
「爺爺什麼時候會好起來?」
B: "_____ will get well _____."
「他很快就會好起來。」

④ A: "When will you clean your room?"
「你什麼時候會打掃你的房間?」
B: "I will do it _____."
「我等一下會做。」

家長、老師可以這樣做!

- 這裡的問答練習,主要複習的是未來式和代名詞。
- 各位平常可以利用本頁收錄的句型及右頁表格的這種呈現方式,與孩子多做練習,讓他們對代名詞的概念更加熟悉。

⑤ A: When will Pam call you?
「Pam 什麼時候會打電話給你？」
B: _____ will call me _____.
「她很快就會打電話給我。」

⑥ A: When will your friends come?
「你的朋友們什麼時候會來？」
B: _____ will come _____.
「他們明天會來。」

人事時表格

人	動作	時間
① we	go to the park	later
② Dad	come back	after dinner
③ he	get well	soon
④ you	clean your room	later
⑤ she	call you / call me	soon
⑥ they	come	tomorrow

家長、老師可以這樣做！
在第 5 句的練習中，問句使用 call you，回答則是用 call me。

Stage 3 聽聽看、唸唸看、選選看

請仔細聆聽音檔並閱讀下面編號 1、2、3 的三段短文,接著請觀察右頁的三張圖片,並從裡面選出與短文內容相符的圖片,將編號填入圖片左上角的框框之中。

1 Tomorrow is Sunday. My sister and I are happy because my father will take us to the zoo. We are reading a book about zoo animals. We want to see monkeys, penguins and elephants. I can't wait for tomorrow.

2 I am not feeling well. I have a fever. I think I am sick. I am waiting for my mother to take me to the doctor. She will come to school soon.

3 It is sunny today. My mother and I are in the park. There are many people. Look! Three people are riding bikes. I think they are having a good time. Oh! No! Where is Mom? I can't find her. I don't know the way home. "Mom, where are you?"

翻譯

1. 明天是星期天。我和妹妹很快樂,因為爸爸會帶我們去動物園。我們正在看一本和動物園裡的動物有關的書。我們想要看猴子、企鵝和大象。我等不及明天了(我希望明天趕快來)。
2. 我覺得身體不舒服。我發燒了。我想我生病了。我正在等媽媽來帶我去看醫生。她很快就會來學校。
3. 今天是晴天。我和媽媽在公園裡。這裡有很多人。看!有三個人正在騎腳踏車。我覺得他們正玩得開心。噢!不!媽媽在哪裡?我找不到她。我不知道回家的路。「媽媽,妳在哪裡?」

○

○

○

猜猜看

請閱讀下面的謎語，猜猜看句子所描述的是哪張圖片的什麼東西，並將答案寫在空格裡，接著再邊聽音檔邊跟著大聲唸句子。

①
It is round. 它是圓的。
It is red. 它是紅色的。
You can eat it. 你可以吃它。
What is it? 它是什麼？
It is ____ _____. 它是_____。

a table
一張桌子

②
It is big. 它是大的。
It is black. 它是黑色的。
There are two books on it.
它的上面有兩本書。
What is it? 它是什麼？
It is _____ _____. 它是_____。

cookies
餅乾

③
It is not round. 它不是圓的。
It is yellow. 它是黃色的。
You can eat it. 你可以吃它。
What is it? 它是什麼？
It is ____ _____. 它是_____。

a chair
一張椅子

a banana
一根香蕉

④
It is very big. 它非常大。
It is gray. 它是灰色的。
It is in the bedroom. 它在房間裡。
What is it? 它是什麼？
It is ___ _____. 它是_____。

a bed
一張床

⑤
They are round. 它們是圓的。
They are not big. 它們不大。
You can eat them. 你可以吃它們。
What are they? 它們是什麼？
They are _____.
它們是_____。

an apple
一顆蘋果

⑥
It is blue. 它是藍色的。
It is not big. 它不大。
You can sit on it. 你可以坐在它的上面。
What is it? 它是什麼？
It is ___ _____. 它是_____。

241

猜猜看

請閱讀下面的謎語，猜猜看各段短文所描述的是哪張圖片的誰，並將他／她的名字寫在空格之中，接著再一邊聽音檔一邊跟著大聲唸句子。

①

Look! There is a girl.
看！有一個女孩。

She has long hair.
她有一頭長髮。

She is riding a bike.
她正在騎腳踏車。

What is her name?
她叫什麼名字？

Her name is ____.
她的名字是 _____。

Pam

②

Look at the man.
看看這個男人。

He is very tall.
他非常高。

His hair is short.
他的頭髮很短。

He is sitting on a chair.
他坐在椅子上。

What is his name?
他叫什麼名字？

His name is _____.
他的名字是 _____。

Tom

Mary

③

There is a man at the door.
門口有一個男人。

He has an umbrella in his hand.
他手裡拿著一把雨傘。

He looks happy.
他看起來很快樂。

What is his name?
他叫什麼名字?

His name is _____.
他的名字是 _____。

Sam

④

Can you see a woman with long hair?
你有看到一個長頭髮的女人嗎?

She is standing behind an old man.
她正站在一個老人的後面。

She is carrying a bag.
她拿著一個包包。

What is her name?
她叫什麼名字?

Her name is _____.
她的名字是 _____。

243

附錄
補充單字分類表

與人相關

家人朋友
brother 哥哥或弟弟
family 家庭
father / Dad 父親／爸爸
friend 朋友
grandfather / Grandpa 爺爺
grandmother / Grandma 奶奶
mother / Mom 母親／媽媽
sister 姊姊或妹妹

當 Dad 跟 Mom 指的是自己的爸媽，開頭必須大寫，如果不是，用小寫再在前面加上所有格。

職業名稱
doctor 醫生
nurse 護士，護理師
teacher 老師

其他
boy 男生，男孩
everyone 每個人
girl 女生，女孩

man / men 男人（men 是複數形）
name 姓名
people 人們（person 的複數）
woman / women 女人（women 是複數形）

身體部位
arm 手臂
ear 耳朵
eye 眼睛
face 臉
finger 手指
foot / feet 腳（feet 是複數形）
hair 頭髮
hand 手
head 頭
leg 腿
mouth 嘴
nose 鼻子
shoulder 肩膀
toe 腳趾
tongue 舌頭
tooth / teeth 牙齒（teeth 是複數形）

動物

animal 動物
ant 螞蟻
bird 鳥
cat 貓
dog 狗
elephant 大象
fish 魚
insect 昆蟲
monkey 猴
mouse / mice 老鼠
（mice 是複數形）
ox / oxen 公牛（oxen 是複數形）
panda 貓熊
penguin 企鵝

空間場所名稱與設施

公共空間

park 公園
playground 遊戲場，操場
school 學校
supermarket 超市
zoo 動物園

戶外遊樂設施

monkey bars 單槓攀爬架
sandbox 沙箱
slide 溜滑梯
swing 鞦韆

家庭及室內空間

bathroom 浴室
bedroom 臥室，房間
home 家
kitchen 廚房
living room 客廳

家具與居家設施

bed 床
chair 椅子
door 門
sofa 沙發
table 桌子
TV 電視
window 窗戶

交通工具

bike 腳踏車
boat 船
bus / buses 公車（buses 是複數形）
car 汽車
MRT (train) 捷運（列車）
scooter 小型摩托車
train 火車
van 廂型車

文具、玩具、其他

文具
book 書
color pencil 色鉛筆
marker 麥克筆
pen 原子筆
pencil 鉛筆
picture 圖片
ruler 尺
story book 故事書

玩具
ball 球
doll 洋娃娃
game 遊戲
kite 風箏
toy 玩具

衣物
cap 鴨舌帽
hat 帽子
vest 背心

其他
box / boxes 盒子，箱子
　　　　　（boxes 是複數形）
cup 杯子
flower 花
jar 罐
key 鑰匙
sand 沙
thing 事物
time 時間
umbrella 傘

三餐、食物與飲料

三餐
breakfast 早餐
dinner 晚餐
lunch 午餐

食物
cake 蛋糕
cookie 餅乾
egg 蛋
fish 魚（肉）
hamburger 漢堡
hot dog 熱狗
ice cream 冰淇淋
meat 肉
pizza 披薩

蔬菜水果
apple 蘋果
banana 香蕉
fruit 水果
kiwi 奇異果
orange 柳橙
vegetable 蔬菜

飲料
coffee 咖啡
drink 飲料
juice 果汁
milk 牛奶
tea 茶
water 水

顏色
black 黑色
blue 藍色
color 顏色
gray 灰色
green 綠色
orange 橘色
pink 粉紅色
purple 紫色
red 紅色
white 白色
yellow 黃色

數字

one 1

two 2

three 3

four 4

five 5

six 6

seven 7

eight 8

nine 9

ten 10

eleven 11

twelve 12

thirteen 13

fourteen 14

fifteen 15

sixteen 16

seventeen 17

eighteen 18

nineteen 19

twenty 20

thirty 30

forty 40（請特別注意拼字）

fifty 50

sixty 60

seventy 70

eighty 80

ninety 90

ninety-one 91

ninety-two 92

ninety-three 93

ninety-four 94

ninety-five 95

ninety-six 96

ninety-seven 97

ninety-eight 98

ninety-nine 99

one hundred 100

one hundred and one 101

nine hundred and ninety-nine 999

100 以上的數字，如 101，可以唸成 one hundred and one，但也可以省略 and，只唸 one hundred one。

形容詞

天氣相關
cold 寒冷的
cool 涼爽的
hot 熱的
rainy 下雨的
sunny 晴朗的

形狀大小相關
big 大的
little 小的
long 長的
round 圓的
short 短的
small 小的
tall 高的

情緒疾病相關
angry 生氣的
happy 快樂的
sad 難過的
sick 生病的

外表與性格相關
clean 乾淨的
good 良好的
kind 善良的
old 老的
pretty 漂亮的
strong 強壯的
young 年輕的

其他
fast 快速的
first 第一的，第一個的
high 高的
ready 準備好的

疑問詞、連接詞、介系詞

疑問詞
how 如何
how many （數量）多少
how old （年紀）多大
what 什麼
what color 什麼顏色
when 什麼時候
where 什麼地方
who 誰
why 為什麼

連接詞

after ～之後
and 和，且
because 因為
before ～之前
but 但是
if 如果
so 所以
when 當～的時候

介系詞

about 關於；在～的附近
after 在～後面
at 在～
before 在～前面
behind 在～後方
for 為了～；往～
in 在～裡面
on 在～上面
out 從～出去
outside 在～外面
to 往～
under 在～下面
with 和～

副詞

頻率副詞

always 總是
never 絕不
often 常常
sometimes 有時

時間副詞

after dinner 晚餐後
after school 放學後
at 11:00 在 11 點的時候
at night 在晚上
in the morning 在早上
later 晚一點，等一下
soon 很快
this Sunday 這個星期天
today 今天
tomorrow 明天

事件順序副詞

after that 之後
first 首先
then 然後

地方副詞

at home 在家裡
at school 在學校
here 這裡
nearby 附近
on the way home 在回家的路上
on the way to school
　　　　　在去學校的路上
on the way to the park
　　　　　在去公園的路上
outside 外面
there 那裡

其他副詞

down 向下
fast 快速地
high 高；往高處
maybe 或許
off 離開，遠離
together 一起
up 向上

動詞

be 動詞

be / is / am / are

感受相關

這些動詞如果表達以下語意，不使用進行式，要用現在簡單式。

feel 感覺起來
　　（某物摸起來感覺很～）
have 有
hear 聽到
know 知道
like 喜歡
look 看起來
love 愛
see 看到
smell 聞起來
taste 嚐起來
want 想要

在目前這個階段，下方這兩個動詞都只會用在現在簡單式的句子之中。

think 認為，覺得
hope 希望

日常生活相關

brush my teeth 刷牙
clean the table 清理桌子
cook 煮，烹調
do the dishes 洗碗
get up 起床
go home 回家

go to school 上學
go to the park 去公園
make coffee 煮咖啡
make cookies 做餅乾
sleep 睡覺
take a shower 洗澡
take me to school 送我去學校
wash my hair 洗頭
watch TV 看電視

學習與興趣相關
color 著色
draw 畫
learn 學習
read 閱讀
sing 唱歌
write 寫字

其他
ask my mother 問我媽媽
bring 帶來
buy 買
find 找到
give 給
help 幫助
look at 看著
look for 尋找

put 放置
say 說話
（現在簡單式的 say，表達的是「某人經常說某句話」的情況，不會用來表達「某人剛剛說過某句話」的情境）

start 開始
talk to my mother 和我媽媽說
tell 告訴
Thank you. 謝謝你。
wait 等待

動作與玩樂相關
come to me 到我這裡來
fly 飛翔
fly a kite 放風箏
jump up and down 上下跳
jump very high 跳得非常高
play ball 打球
play games 玩遊戲
point to the dog 指向那隻狗
ride a bike 騎腳踏車
run very fast 跑得非常快
show me your book. 給我看看你的書。
swim 游泳
touch your head 摸摸你的頭
walk 走

補充分類例句集

冠詞

- a: I have a cap. 我有一頂鴨舌帽。
- an: This is an apple. 這是一顆蘋果。
- the: The ball is round. 這顆球是圓的。

代名詞

- he: He is my brother. 他是我的兄弟。
- her: I will give her a book. 我會給她一本書。
  Her mother is tall. 她的媽媽很高。
- him: She likes him. 她喜歡他。
- his: His dog is big. 他的狗很大。
- I: I have two sisters. 我有兩個姐妹。
- it: It is a cat. 這是一隻貓。
  I can't see it. 我看不到它
- its: Its color is blue. 它的顏色是藍色的。
- me: Give me the book. 給我那本書。
- my: My car is red. 我的車是紅色的。
- our: Our house is not big. 我們的房子不大。
- she: She is my friend. 她是我的朋友。
- that: Is that a bus? 那是一輛公車嗎？
- their: Is she their friend? 她是他們的朋友嗎？
- them: Can you see them? 你能看到他們嗎？
- they: They are my friends. 他們是我的朋友。
- these: These are my pencils. 這些是我的鉛筆。
- this: This is not my hat. 這不是我的帽子。
- those: What are those? 那些是什麼？
- us: Our father will take us to the zoo. 我們的爸爸會帶我們去動物園。

- we: We are happy. 我們很開心。
- you: You are a good boy. 你是一個好孩子。
- your: Your book is on the table. 你的書在桌上。

形容詞

- angry: Are you angry? 你生氣了嗎？
- big: The car is big. 那台車很大。
- cold: The water is cold. 這個水很冷。
- cool: The weather is cool. 天氣很涼。
- fast: The bus is fast. 這台公車很快。
- fine: The weather is fine today. 今天天氣很好。
- first: I am the first. 我是第一個。
- good: She is a good girl. 她是個好孩子。
- happy: I am happy. 我很開心。
- high: The bird is flying high. 那隻鳥飛得很高。
- hot: The coffee is hot. 咖啡很燙。
- kind: She is very kind. 她非常善良。
- little: The ant is little. 這隻螞蟻很小。
- long: The ruler is long. 這把尺很長。
- many: I have many books. 我有很多書。
- new: He has a new toy. 他有一個新玩具。
- old: He is old. 他很老。
- pretty: Her doll is pretty. 她的娃娃很漂亮。
- rainy: It is rainy. 今天是雨天。
- ready: Are you ready? 你準備好了嗎？
- round: Balls are round. 球是圓的。（balls 使用複數，泛稱全部的球）
- sad: I am sad. 我很難過。
- sick: I am sick. 我生病了。
- short: This pencil is short. 這枝鉛筆很短。
- small: That egg is small. 那顆蛋很小。
- strong: His father is strong. 他的爸爸很強壯。
- sunny: It is sunny. 今天是晴天。

- tall: My brother is very tall. 我的兄弟非常高。
- thin: My sister is thin. 我的姊妹很瘦。
- young: She is young. 她很年輕。
- well: I am not feeling well. 我覺得身體不舒服。

數字

- one: Please give me one egg. 請給我 1 個蛋。
- two: There are two toy cars in the box. 箱子裡有 2 台玩具車。
- three: He sees three birds outside. 他看到外面有 3 隻鳥。
- four: They will play four games tomorrow. 他們明天會玩 4 個遊戲。
- five: Give me five apples, please. 請給我 5 顆蘋果。
- six: I have six books. 我有 6 本書。
- seven: She has seven dolls. 她有 7 個洋娃娃。
- eight: He has eight caps. 他有 8 頂鴨舌帽。
- nine: It is nine o'clock. 現在是 9 點鐘。
- ten: We will buy ten pencils. 我們會買 10 枝鉛筆。

顏色形容詞

- black: My pen is black. 我的筆是黑色的。
- blue: His book is blue. 他的書是藍色的。
- gray: She has a gray cat. 她有一隻灰色的貓。
- green: My father's car is green. 我爸爸的車是綠色的。
- pink: The flower is pink. 這朵花是粉紅色的。
- purple: Her cap is purple. 她的鴨舌帽是紫色的。
- red: This is a red vest. 這是一件紅色的背心。
- yellow: It is not yellow. 它不是黃色的。
- white: The house is white. 那棟房子是白色的。

疑問詞

- how many: How many apples do you have? 你有多少顆蘋果？
- how old: How old are you? 你幾歲？
- what: What is your name? 你的名字是什麼？
- what time: What time is it? 現在是幾點？
- what color: What color is your hat? 你的帽子是什麼顏色？
- when: When will we go to Grandma's home? 我們什麼時候會去奶奶家？
- where: Where is your grandfather? 你的爺爺在哪裡？
- who: Who is at the door? 誰在門口？
- why: Why are you crying? 你為什麼在哭？

連接詞

- after: I will do my homework after I eat dinner.
  我會在吃完晚餐後做我的回家功課。
- and: I love my mother, and she loves me. 我愛我的媽媽，她也愛我。
- because: She is crying because she can't find her toy.
  她正在哭，因為她找不到她的玩具。
- before: He reads a book before he goes to bed. 他睡覺前會讀一本書。
- but: I can read, but I can't write. 我看得懂字，但我不會寫。
- if: I will buy the cake if you want it. 如果你想要的話，我會買那個蛋糕。
- so: The little girl can't find her mother, so she is crying.
  那個小女孩找不到她的媽媽，所以她正在哭。

介系詞

- at: He is at the park. 他在公園裡。
- about: They are talking about the book. 他們正在談論那本書。
- behind: The ball is behind the sofa. 那顆球在沙發後面。
- by: I go to school by bus. 我搭公車上學。

- for: Can you do it for me? 你可以幫我做這件事嗎？
- in: My pencil is in the box. 我的鉛筆在盒子裡。
- of: This is a picture of my family. 這是我家人的照片。
- outside: They are playing outside. 他們正在外面玩。
- to: I often go to the store. 我常去那間商店。
- under: Your toy is under the table. 你的玩具在桌子下面。
- with: I will go to the supermarket with my brother later. 我等一下會和我的兄弟一起去超市。

表示位置的說法

- at the door: I am standing at the door. 我正站在門口。
- at home: My mother is not at home. 我媽媽不在家。
- at school: Are you at school? 你在學校嗎？
- behind the old man: She is standing behind the old man. 她正站在那個老人的身後。
- on the table: The oranges are on the table. 那些橘子在桌上。
- in the box: There is a ball in the box. 箱子裡有一顆球。
- under the bed: The cat is sleeping under the bed. 那隻貓正在床底下睡覺。
- here: I am here. 我在這裡。
- over there: Her mother is over there. 她媽媽在那裡。

副詞

- also: She also likes to read. 她也喜歡閱讀。
- around: I like to walk around. 我喜歡四處走走。
- away: I put away my toys before bed. 我上床睡覺前會把我的玩具收好。
- before: I eat breakfast before school. 我會在上學前吃早餐。
- down: She is jumping up and down. 她正在上下跳著。
- maybe: Maybe I will go. 也許我會去。
- nearby: A man is sitting nearby. 一個男人在附近坐著。

- no: No, it is not my toy. 不，這不是我的玩具。
- not: She is not happy. 她不開心。
- off: I will take a day off. 我會請一天假。
- only: I only eat vegetables. 我只吃蔬菜。
- out: My dog often runs out. 我的狗常常跑出去。
- so: The story is so good. 這個故事非常好。
- together: We always go to school together. 我們總是一起上學。
- too: I love you, too. 我也愛你。
- up: Stand up! 站起來！
- very: The man is very strong. 那個男人非常強壯。
- very much: I like pizza very much. 我非常喜歡披薩。
- yes: Yes, she is my friend. 是的，她是我的朋友。

頻率副詞

- always: I always go to school with my friend, Pam.
  我總是跟我朋友 Pam 一起上學。
- often: My father often takes me to the park. 我爸爸常常帶我去公園。
- sometimes: He sometimes eats cake after dinner. 他有時晚餐後會吃蛋糕。
- never: I can never say no to my mother.
  我永遠無法對媽媽說不。

時間副詞

- at night: I like to read a book at night, before going to bed.
  我喜歡在晚上睡覺前讀一本書。
- at 7:00: We eat dinner at seven o'clock. 我們在七點吃晚飯。
- in the morning: My grandmother goes to the park in the morning.
  我的奶奶會在早上去公園。
- on Sunday: I don't go to school on Sunday. 我星期天不用上學。
- after school: We often play ball after school. 我們常常在放學後打球。
- before dinner: They watch TV before dinner. 他們在晚餐前會看電視。

- later: I will eat later. 我晚一點會吃。
- soon: I will see you soon. 我很快會和你見面。
- then: Then, I will go home. 然後，我就會回家。
- today: It is hot today. 今天很熱。
- tomorrow: We will play games together tomorrow. 我們明天會一起玩遊戲。

助動詞

- can: I can swim. 我會游泳。
- can't: Cats can't fly. 貓不會飛。
- do: Do you like dogs? 你喜歡狗嗎？
- don't: I don't eat meat. 我不吃肉。
- does: Does your mother like to sing? 你媽媽喜歡唱歌嗎？
- doesn't: He doesn't watch TV. 他不看電視。
- will: They will not come. 他們不會來。

動詞

be 動詞

- am: I am Sam. 我是 Sam。
- are: You are a girl. 妳是一個女孩。
- is: He is a boy. 他是一個男孩。
- be: She will be very happy if she sees you. 如果她看到你，她會很高興。

一般動詞

- ask: I sometimes ask my mother for help. 我有時會請媽媽幫忙。
- bring: My mother will bring an umbrella for me. 我媽媽會帶一把傘給我。
- brush: She brushes her teeth. 她會刷牙。

- buy: They will buy a car for their mother. 他們會買一輛車給他們的媽媽。
- call: She will call me soon. 她很快會打電話給我。
- carry: I always carry an umbrella in my bag. 我總是會在我的包包裡放一把傘（我總是會隨身帶一把傘）。
- clean: He is cleaning his bedroom. 他正在打掃他的房間。
- color: Color the bird red. 把這隻鳥塗成紅色。
- come: They will come to my house tomorrow. 他們明天會來我家。
- cook: She can't cook. 她不會做飯。
- cry: That baby is crying. 那個寶寶正在哭。
- do: They do their homework before dinner. 晚餐前他們會做功課。
- does: She does the dishes after dinner. 晚飯後她會洗碗。
- draw: I am drawing a picture. 我正在畫一張圖。
- drink: I like to drink milk. 我喜歡喝牛奶。
- eat: He is eating an apple. 他正在吃一顆蘋果。
- feel: I feel happy. 我覺得很開心。
- find: She can't find her pen. 她找不到她的筆。
- fly: Birds can fly. 鳥可以飛。
- get up: She gets up at 7 a.m. 她在早上 7 點起床。
- give: I will give her a book. 我會給她一本書。
- go: They often go to the park together. 他們常常一起去公園。
- has: My brother has a toy boat. 我的哥哥有一艘玩具船。
- have: I have a ball. 我有一個球。
- hear: I hear a bird. 我聽到一隻鳥的聲音。
- help: He never helps his brother. 他從來不會幫忙他的弟弟。
- hope: I hope I can get well soon. 我希望我可以很快好起來。
- hurt: Don't hurt that dog. 別傷害那隻狗。
- jump: Cats can jump high. 貓可以跳得很高。
- know: I know her name. 我知道她的名字。
- learn: We are learning to read. 我們正在學習識字。
- like: They like pizza. 他們喜歡披薩。
- likes: My father likes fruit. 我爸爸喜歡水果。
- live: I live with my father and mother. 我和爸爸媽媽住在一起。

- look: She looks young. 她看起來很年輕。
- look at: Look at those birds. 看那些鳥。
- look for: I am looking for my book. 我正在找我的書。
- love: I love my grandfather and grandmother. 我愛我的爺爺和奶奶。
- make: She can make cookies. 她會做餅乾。
- play: I often play ball with my father. 我常常和爸爸一起打球。
- put: Don't put your book on the table. 別把你的書放在桌上。
- read: I am reading a story. 我正在讀一個故事。
- ride: They ride bikes together. 他們一起騎腳踏車。
- run: She runs fast. 她跑得很快。
- say: I say "hello" when I see my friend. 當我看到我的朋友時，我會打招呼。
- see: I see a car. 我看到一輛車。
- show: Show me your picture. 給我看你的相片。
- sing: Birds are singing. 鳥正在唱歌（鳥正在叫）。
- sit: His cat is sitting on the chair. 他的貓正坐在椅子上。
- sleep: My dog is sleeping under the table. 我的狗正在桌子底下睡覺。
- smell: I smell flowers. 我聞到花的味道。
- stand: Who is standing there? 誰站在那裡？
- start: They start to play. 他們開始玩。
- swim: Fish can swim. 魚可以游泳。
- take a shower: I am taking a shower. 我正在洗澡。
- talk: They are talking. 他們正在說話。
- taste: I want to taste the cake. 我想吃吃看這個蛋糕。
- tell: He often tells me a story. 他常常會講故事給我聽。
- thank: Thank you. 謝謝你。
- think: I think it is good. 我認為這個很好。
- touch: Don't touch it. 不要碰它。
- wait: I am waiting for the bus. 我正在等公車。
- walk: They walk to school together. 他們一起走路去上學。
- wash: She washes her hands before dinner. 她在晚餐前會洗手。
- want: I want to go to the park. 我想去那個公園。
- watch: I don't like to watch TV. 我不喜歡看電視。
- write: He is writing. 他正在寫字。

台灣廣廈 國際出版集團
Taiwan Mansion International Group

國家圖書館出版品預行編目（CIP）資料

4~8歲親子遊戲互動英文 / Barshai著. -- 初版. -- 新北市：國際學村, 2024.09
　　面；　公分
ISBN 978-986-454-375-5（平裝）
1.CST: 英語教學　2.CST: 親子遊戲　3.CST: 親職教育
4.CST: 學前教育

523.23　　　　　　　　　　　　　　　　113010413

國際學村

4~8歲親子遊戲互動英文
專為家長及幼教老師設計的幼兒英文學習互動指南！

作　　　者／Barshai	編輯中心編輯長／伍峻宏・**編輯**／徐淳輔
	封面設計／何偉凱・**內頁排版**／東豪印刷事業有限公司
	製版・印刷・裝訂／東豪・承傑・明和

行企研發中心總監／陳冠蒨　　　線上學習中心總監／陳冠蒨
媒體公關組／陳柔彣　　　　　　數位營運組／顏佑婷
綜合業務組／何欣穎　　　　　　企製開發組／江季珊、張哲剛

發　行　人／江媛珍
法 律 顧 問／第一國際法律事務所 余淑杏律師・北辰著作權事務所 蕭雄淋律師
出　　　版／國際學村
發　　　行／台灣廣廈有聲圖書有限公司
　　　　　　地址：新北市235中和區中山路二段359巷7號2樓
　　　　　　電話：（886）2-2225-5777・傳真：（886）2-2225-8052
讀者服務信箱／cs@booknews.com.tw

代理印務・全球總經銷／知遠文化事業有限公司
　　　　　　地址：新北市222深坑區北深路三段155巷25號5樓
　　　　　　電話：（886）2-2664-8800・傳真：（886）2-2664-8801
郵 政 劃 撥／劃撥帳號：18836722
　　　　　　劃撥戶名：知遠文化事業有限公司（※單次購書金額未達1000元，請另付70元郵資。）

■出版日期：2024年09月　　ISBN：978-986-454-375-5
　　　　　　　　　　　　　　版權所有，未經同意不得重製、轉載、翻印。

Complete Copyright © 2024 by Taiwan Mansion Publishing Co., Ltd.
All rights reserved.